东城工业之光

——记忆中的合肥老工业基地

程堂义　编著

合肥工业大学出版社

图书在版编目（CIP）数据

东城工业之光.记忆中的合肥老工业基地/程堂义编著.—合肥：合肥工业大学出版社，2021.11

ISBN 978-7-5650-5515-7

Ⅰ.①东…　Ⅱ.①程…　Ⅲ.①老工业基地—史料—合肥　Ⅳ.①F427.541

中国版本图书馆CIP数据核字（2021）第217622号

东城工业之光
——记忆中的合肥老工业基地

程堂义　编著　　　　　　　　责任编辑　张　慧

出　版	合肥工业大学出版社	版　次	2021年11月第1版
地　址	合肥市屯溪路193号	印　次	2021年11月第1次印刷
邮　编	230009	开　本	710毫米×1010毫米　1/16
电　话	人文社科出版中心：0551－62903205	印　张	15.25
	营销与储运管理中心：0551－62903198	字　数	209千字
网　址	www.hfutpress.com.cn	印　刷	安徽联众印刷有限公司
E-mail	hfutpress@163.com	发　行	全国新华书店

ISBN　978-7-5650-5515-7　　　　　　　　　　　定价：68.00元

如果有影响阅读的印装质量问题，请与出版社市场营销部联系调换

这里，是合肥工业的"摇篮"（代序）

　　瑶海区，安徽省会合肥的"山河海阳"四大主城区之一，原合肥市东市区。这里曾是合肥市的传统工业区、省会交通枢纽、商品集散地，更是合肥东向发展的"桥头堡"。其地理位置上，东接肥东，西临庐阳，南望包河，北通新站，全区总面积64.4平方千米，常住人口近百万，是安徽人口密度最大的城区。

　　从新中国成立初期的合肥市车站区人民政府、车站区人民委员会，到东市区人民公社、东市区人民政府，再到2002年3月合肥市进行区划调整，更名为瑶海区……这一路走来，瑶海区积蕴深厚、熠熠生辉。特别是自新中国成立之初至上世纪90年代，这里成为合肥工业最发达的城区，堪称皖中庐州的"东方明珠"。

　　史料记载，1951年合肥市建成皖北机械总厂，这可算是新中国成立后最早入驻当时车站区的工业企业。第二年，合肥市就计划在东郊建立工业区，特别是在1953年后，从上海内迁的一批纺织、电工电器、搪瓷制品、磨具磨料、卫生材料、胶木制品、食品及锻造等企业相继入驻，这些工业企业均具有一定规模。

　　统计表明，到1957年年底，合肥市国营企业有378家，而其中80%以上都在瑶海区，分布在机械、纺织、钢铁、化工、电器等12个基础工业行业。合肥酒厂、合肥永康食品厂、安徽拖拉机厂、安徽针织厂、合肥钢铁厂、合肥无线电二厂、安徽轮胎厂等多个企业都是那个时代辉煌的代表。这里创造了多个安徽第一、中国第一，甚至世界第一。瑶海已成为合肥乃至安徽实践国家建设完备工业体系战略的承载地，是当之无愧的合肥工业"摇篮"。

　　钢花飞溅，纱线飞舞，一代又一代工人在合肥东部这片热土上青春飞扬，书写了让安徽人引以为傲的工业历史篇章：至1990年前后，东市区工业企业的年总产值占全市工业总产值的60%以上；1992年，合肥市实现利税千万元以上的12个工业企业中，以合肥钢铁厂、安徽轮胎厂、合肥日化总厂等为代表的驻东市区企业有六七家；到1994年，这里汇集了安纺、安拖等大中型工业企业24家，成为合肥市的工业中心区。

　　近现代以来，两次工业革命带来的工业化浪潮，直接推动了城市化的进程。有研究者指出，工业化大大促进了城市化，对城市发展起了重要推动作用。一部工业革命史，就是一段城市化不断发展的历史。从这个维度来说，瑶海区不仅是合肥工业的发轫之地，是合肥"工业之光"大放异彩之地，更是合肥这座城市建设发展的真实缩影。如今，瑶海区培育的工业基因，正深植于合肥日新月异的现代产业中，并走向国内国际。

　　记录合肥城市工业化的进程，让后人了解合肥这段创业史与奋斗史，最好莫过于了解瑶海这片古老而又现代的土地，感受她曾经强劲的脉动、不懈的探索、辉煌的过往，为此我们特地出版了这本书。我们期待，通过一篇篇文字、一幅幅照片的徐徐道来，让人们真切地感受到一个个企业的发展历程，这里映照出的不仅仅是瑶海厚重的历史底蕴和一个不断奋进城市的工业文明发展史，更是伟大时代里一个国家自力更生、发愤图强的奋进步伐！

凡所过往，皆为序章。作为合肥工业文明的发源地和发展地，瑶海曾为合肥经济发展做出了巨大贡献。当下的瑶海，随着经济体制改革、长三角一体化等国家战略的实施，以及合肥城市化进程的加快、产业布局的调整，正走上一条建设老工业城区更新改造示范区的全面转型之路。

因此，决策者破传统产业困局，立新兴产业体系。推陈出新，瑶海区挖掘老工业基地沉淀下来的宝贵资源，化为发展文化创意产业的独有优势，恒通机械厂变成长江180艺术街区，成为新经济增长点。刚柔并济，瑶海区依托南淝河"水"文化和钢厂"钢"文化，加快马（合）钢工业遗址公园、近现代工业博物馆、合肥市博物馆等项目建设，打造文化创意产业新地标、新兴产业聚集地。

合肥东部新中心的登场，让"工业锈带"变为"生活秀带"，用"城市记忆"打造"城市名片"。这一以瑶海区老工业区为核心，辐射包河区、肥东县，总面积达34.1平方千米的东部城市规划，总体定位是：最具特色、充满活力的华东青年中心；位于城市中心、全生命周期的"双创"中心；"三生"一体、产城融合，且产业发展优先、基础设施优先、公共服务优先、生态环境优先的"智慧、开放、生态、宜居"东部新中心。

传承奋斗精神，擘画转型蓝图。宏大规划引领东部崛起、再造发展引擎、铸就新兴增长极，产业，仍是最强的动力源。

曾以装备制造业、纺织业等为代表的工业布局创造已往辉煌的瑶海区，正聚力五大新兴产业蓬勃发展：以物联网、大数据、云平台和人工智能为代表的新一代信息技术产业；以金融服务业为代表的现代服务业；推动文化创意产业集聚区建设；扶持现代建筑业，打造建筑产业集聚区；引导大健康产业做强做优，扶持健康服务业示范项目企业。

向东看，新瑶海。如果说半个多世纪前从这里发出了熠熠生辉的工业之光，那么，今天的瑶海区站在了合肥东部新中心这一高地，再次出发。在安徽省第十一次党代会和合肥市第十二次党代会之后，打造老工业基地产业转型示范区、老城区更新改造示范区，早日建成高质量发展千亿区，正成为瑶海的新征程。

恰逢中国共产党建党百年之际，党史、新中国史读来令人心潮澎湃，其中新中国工业史的瑶海篇章同样是我党顶层设计、举国战略中的精彩一页，今日著书辑闻、回溯过往的意义，当是为今天积蓄力量再出发。我们深知，在合肥东部，在江淮大地，在我们深爱的祖国，奋斗新征程，续写新传奇，再创新辉煌，正成为新一代人的新使命。

目　录

第一章　合肥第一个工业园区为何在这里 ………………………………001

第二章　"十里钢城"的荣光
　　　　——合肥钢铁厂的发展历程 …………………………………009

　　"十里钢城"的荣耀和辉煌 ……………………………………011
　　这一天，毛主席来到了合钢 ……………………………………019
　　"小社会"中的合钢 ……………………………………………023
　　合肥钢铁厂成为合肥唯一国家工业遗产 ………………………031

第三章　既"重"又"精"同发展
　　　　——记忆中的机械制造企业 ………………………………037

　　安徽拖拉机厂："江淮"赛过"东方红" …………………………038
　　合肥胶带厂：全国首批"大庆式企业" …………………………042

合肥汽车配件厂：几易其名显风流 …………………………………048

合肥砂轮厂：新中国第一家砂轮厂 …………………………………054

合肥矿山机器厂：较早工厂的亮丽"风景" …………………………058

第四章 从"城市的记忆"到全国行业巨头
　　　——记忆中的纺织印染企业 …………………………………071

安纺一厂：记忆中的"里程碑"式企业 ………………………………072

安徽印染厂：让"庐阳花布"走进人民大会堂 ………………………081

安徽针织厂：全国"五巨头"之一 …………………………………086

第五章 多个"第一"书写传奇
　　　——记忆中的电子电器企业 …………………………………097

合肥无线电二厂："家电三极"的创造者 ……………………………098

合肥电机厂：唯技术，不止步 ………………………………………105

合肥电缆厂：书写一个个"传奇" …………………………………110

合肥开关厂：矿用防爆电器四大生产厂家之一 ……………………115

合肥灯泡总厂：安徽省第一只黑白显像管诞生地 …………………119

第六章 超前发展与耳熟能详的广告语
　　　——记忆中的化工制革企业 …………………………………127

合肥化工厂：合肥财政"三驾马车"之一 ……………………………128

合肥玻璃总厂：发展总是"超前一步" ………………………………134

合肥皮鞋厂："始于足下"的精彩 ……………………………140

合肥日化总厂：那一片神奇的"芳草"地……………………145

第七章　从"三星"耀庐州到"千万财团"
——记忆中的金属橡塑企业 ……………………………153

安徽轮胎厂："千万财团"企业这样"炼成" ……………154

合肥塑料厂：多个"第一"集于身 ……………………………159

合肥制锁总厂：全省最大的制锁厂家 ……………………163

合肥搪瓷厂："三星"闪烁耀庐州 ……………………………168

第八章　"民以食为天"促内迁
——记忆中的食品制造企业 ……………………………179

合肥好华食品厂：第一家食品厂的"味觉"记忆 …………180

合肥面粉厂：内迁合肥的杜月笙工厂 ……………………185

第九章　开创先河与人民大会堂中的沙发
——记忆中的家具建材企业 ……………………………195

合肥木材厂：政策变迁的见证者 ……………………………196

合肥木器厂：曾为人民大会堂做沙发 ……………………201

合肥软木厂：环保产品的"先行者" ………………………205

东门的两个水泥厂……………………………………………209

第十章　向东看，新瑶海
　　　——华丽转型再发展 ···219

开篇：东部新中心来了 ···220

综述：合肥向"东"看 ···221

建设：东部新中心将续写辉煌 ·······································226

附录：合肥东部新中心总体规划情况和特点 ···················231

后　记 ··233

第一章

合肥第一个工业园区为何在这里

瑶海区，位于合肥市主城区东部，东与肥东县接壤，西、南紧连板桥河与南淝河，北邻新站区，面积64.4平方千米。在20世纪50年代初到90年代前后，这里是一片工业的热土。

有资料显示，在30多年的时光中，这里不仅形成了以纺织、钢铁、化工、机电等产业为支柱的工业经济，而且GDP一度占到全市总量的70%左右，为合肥市的经济社会发展做出了巨大贡献。

中华人民共和国完备的工业体系在这里充分体现，大量的产业工人聚集在这里……曾经的东城，机器隆隆钢花四溅！曾经的东城，工业之光熠熠生辉！那么，历史为何选择了东城呢？

机遇：上海企业内迁

1952年1月2日，中共中央批准成立中共安徽省委，同时撤销皖北、皖南区党委，省委机关驻合肥市。8月7日，中央人民政府批准撤销皖北、皖南行署，成立安徽省。8月25日，安徽省人民政府在合肥正式成立，合肥成了安徽的新省会。

合肥成为省会后，为加强城市建设、提高城市影响力，使合肥尽快成为全省的经济和文化中心，中共安徽省委、省政府和合肥市委、市政府十分重视合肥的经济建设和文化建设。经济建设方面，在接管当时为数不多的官僚资产的基础上，合肥市先后投资建起了印刷、制砖、粮食加工、酿酒、制糖、卷烟、矿山机器和农具制造等工业企业。

1953年，中共中央确定了我国在过渡时期经济发展的总路线——"一化三改造"。何为"一化三改造"呢？当时的中共中央提出，要在一个相当长的时间内，一是逐步实现社会主义工业化，二是逐步实现对农业、手工业和资本主义工商业的社会主义改造，走一条社会主义建设和社会主义改造并举的路线。合肥市也从1953年开始按照"一化三改造"的方针发展经济，使合肥市的国民经济发生了巨大变化。

但由于多方面原因，在当时的情况下，要迅速发展合肥的经济特别是工业经济，仅仅依靠合肥乃至安徽自身的力量还是不够的，必须争取"外援"，从工业经济基础比较雄厚的上海等地内迁一部分工商企业，尤其是工业企业到合肥来，利用迁入企业的人才、技术、设备、资金和生产管理经验以及已有的供销关系等，来启动和发展合肥的工业经济。

而对于当时的上海来说，也需要迁出一部分私营企业或公私合营企业到内地。首先，上海是当时全国最大的工业城市，集中了全国1/5的工业，显然过于集中；同时，上海又处在海防前哨，不符合当时的战备要求。其次，上海远离原料产地和销售市场，原料与成品相向运输，不符合经济区划原则。因此从全国工业布局通盘考虑，迁出一部分小企业到内地的做法也是正确的。再者，到1953年左右，上海虽然有工业企业87000多家，但企业大小悬殊，不足10人的小型企业就有75000多家，这就造成了生产分散、原料供应不足、设备利用率低等弊端。因此，上海迁出一部分企业到内地，不仅可以支持内地的经济建设，而且有利于自身的经济建设。

于是，从1953年年底开始，上海部分企业内迁。当时上海共有104家企业内迁到安徽，其中迁到合肥的有56家，而这56家企业又有约70%选址在东城地区。

条件：交通枢纽四通八达

俗话说，要想富，先修路。一个地方经济要想快速发展，首先必须有便捷发达的交通。如果说上海企业内迁对合肥每个地方来说都是公平机遇的话，那么，便捷、独特的交通优势则是东城"独领风骚"的重要前提。

可能有不少人不知道，东市区在20世纪50年代时曾被称为车站区。既然命名为车站区，顾名思义，这里应该是车站集中的地方。的确，不仅合肥火车站、合肥汽车站坐落在这里，合肥最早的飞机场、水运码头也建在辖区里。

据档案记载，合肥汽车站最早建于1935年，地址就在当时的合肥城东崇德街代庵桥下（今蚌埠路第一小学对面），到1946年时有简易木板房3间。到了1954年，合肥市人民政府将合肥汽车站迁到胜利路，设票房、行李房、候车室、车辆维修车间和停车场等，当时有8条通车线路，日发车12个班次，成为合肥对外交通的主要方式。到了1964年，合肥汽车站还增加了当时较领先的预售车票、上门送票和商品监督等服务。

同样据档案记载，合肥火车站始建于1935年12月，位置在后来的明光路和胜利路交口处，不过那时火车站规模很小，只是淮南至裕溪口铁路线上的一个小站。1937年10月，为配合抗日战争，合肥站关闭。直到1948年10月，合肥至水家湖铁路修复通车后，合肥站才正式命名为合肥火车站，并开始办理客运业务。1952年，随着合肥城市人口不断增长、城市规模迅速扩大，经过几次修缮和扩建后，合肥火车站建成了1个售票厅、2个候车室、2个候车站台，可容纳几百名乘客候车。

除了汽车和火车，自20世纪50年代起的很长的一段时间里，水路交通运输也是重要的一种交通方式。众所周知，合肥由于地处南北水运交汇之地，故成为四方货物交易的重要集散地，因此水路交通运输的历史非常悠久。水路运输当然离不开港口码头，而中华人民共和国成立初期，合肥的港口码头只处于天然岸坡状态，码头装卸作业主要靠"肩抬背扛"，运输能力十分有限；到了1953年，才在东市区的南淝河岸边建成简易石砌踏步新码头多座，划定木帆船停泊区，开辟固定简易货场，渐渐形成了合肥第一个码头；几年后，又在巢湖路上建成了一个更加完善的"二码头"。

除了这些交通方式外，就连在当时十分"金贵"的机场也坐落在东城辖区内的三里街。

合肥最早的机场建于1934年，当时的国民党政府在合肥县城东北角的三里街，修建了土质路面的机场。而这座机场也见证了新合肥的诞生：

1949年1月21日，人民解放军华野先遣纵队前哨部队200多人，就是经过三里街机场向大东门突进，并最终解放了合肥。1957年1月，三里街机场首次开通了"上海—合肥—徐州—北京"的第一条国内过站航线，不过那时的机场跑道是碎石道面，一到下雨天，飞机就无法正常起落。为了改变这一状况，1957年7月，有关部门决定扩建三里街机场。扩建后，机场跑道长1000米、宽50米，并且新修了调度楼、候机楼。

汽车站、火车站、水运码头、飞机场，这些与外界连通的主要交通方式的站点都集中在一个辖区，在当时的全国城市中也是不多见的！我们知道，工业企业要发展，原材料和产品流通是关键。因此，作为当时合肥重要的交通枢纽，东城不仅是让市民认识世界、让世界了解合肥的窗口，而且为产品销售及人员往来等提供了条件。可以说，这些非常重要的、独一无二的交通站点的存在，才使众多的企业落户东城。

基础：合肥第一个工业区

除了全国的大环境及得天独厚的交通枢纽优势外，历史选择东城还有个最重要的原因——据当时的城市规划档案记载，早在1952年，这里就建设了合肥第一个工业区，是合肥市最早的工业基地。

1952年是中华人民共和国成立后的第三年，更是合肥被确定为省会的当年，为什么合肥在成为省会后不久就在东城建立一个工业区呢？这主要是因为：首先，当时东城地广人稀，辟地建厂的土地资源丰裕；其次，合肥西北风偏多，南淝河等河流也是向东流，工业企业向东发展，可减少工业废水、烟尘等对城市可能造成的污染；再次，合裕铁路、合裕公路和南淝河水道贯穿全区，对外交通便利。因此，在20世纪50年代前期，合肥1年内新增规模不等的工业企业130家，包括有30家大中型企业，其中近70%分布在东城。特别是后来的合钢、安纺等一批大型企业，均相继连片建于东城，在该区形成一片片工厂区，使东城成为合肥市最早发展起来、企业相对密集的工业区。

　　档案资料显示，东部工厂区（铁路以南片区）的规划工作完成于1953年年末至1954年年初。相关部门对首批上海迁来合肥的工厂企业，沿大通路北，自西向东依次安排了搪瓷厂、面粉厂、针织厂，并将内迁的模型厂（后改为无线电二厂）放在繁昌路，和地方兴办的农机厂（即安徽拖拉机厂）、砂轮厂、软木厂组成一个工业街坊。而和平路与大通路之间及大通路以北的隆岗，被规划为生活区，以统一划地、分厂自建的方式，盖了十几幢宿舍楼，形成了两片住宅街坊。

　　就东城本身而言，在20世纪50年代时就有着一定的工业基础和管理经验。"十里钢城十万人"的合肥钢铁厂自不必说了，除此之外，当时这里还建立了给不少老合肥人留下美好回忆的合肥永康食品厂、合肥酒厂；也建立了和市民生活息息相关的合肥被单厂、合肥东风服装厂以及后来合肥市第一家试行企业股份制的合肥雨具厂；更建立了合肥市最早的工业企业皖北机械总厂、专业生产工业草酸的合肥东风化工厂等。另外，早在1949年12月，合肥汽车修造厂就选出7名工人参加工厂管理委员会，企业重大问题由工厂管理委员会决定，成为合肥首家实行民主管理的企业。随后不久，辖区里的合肥新华染织厂、人民烟厂、合肥电厂、皖北日报社印刷厂等工业企业，也先后建立了工厂管理委员会……东城可谓行业众多，且基础良好。

成绩：贡献了合肥一大半的GDP

　　据档案记载，落户在东城的绝大部分上海内迁合肥的企业，填补了合肥乃至安徽在针织、印染、搪瓷、面粉、日用化工等工业生产领域的空白，再加上东城本身建立起来的众多企业，如合肥钢铁厂、合肥玻璃总厂、合肥矿山机器厂等，不但为合肥创造了近70%的GDP，更为合肥的工业发展打下了良好基础。

比如，落户于东城的安徽针织厂、安徽第一棉纺织厂、合肥搪瓷厂、合肥好华食品厂、合肥电机厂、合肥皮鞋厂、合肥电缆厂、合肥日化总厂、合肥服装厂、合肥无线电二厂等，后来都纷纷成了合肥的骨干企业，在合肥市的国民经济体系中占有重要地位。数字是最直观、最有说服力的——合肥日化总厂，1991年总产值23002万元，是建厂初期的885倍，成为合肥市排在第四位的创利税大户；安徽印染厂1956年至1990年共上缴利税54609.28万元，用这笔钱可建12个同等规模的印染厂；合肥电机厂是全国四大矿用防爆电器厂家之一，1990年产值达到3.87亿元，生产的高压潜水电泵的市场占有率位居全国第一。从这些企业中走出的"全省第一""全国首个"乃至"世界领先"数不胜数……

不仅如此，这些企业在发展的过程中又以"母鸡下蛋"的方式，分建和援建了多个企业，其中的大部分也都成为合肥市的骨干企业。比如，合肥制锁总厂、合肥制锁二厂、合肥拉链厂、合肥灯泡厂、合肥大兴电筒厂、合肥叉车厂、合肥模具厂、合肥无线电一厂、合肥精密铸造厂等。

部分上海内迁企业不仅带动了合肥工业的起步和发展，而且辐射全省，带动了省内某些工业的发展。比如，安徽印染厂在20世纪70年代末80年代初，先后向淮北、阜阳等地印染厂输送了一批优秀技术人才；安徽针织厂积极为全省许多地市的针织厂培养了1000余名操作工和管理人员；等等。

从上海引进设备和资金，固然对合肥工业起步起了作用，但起作用最大的还是人才与技术。上海内迁的人员中，无论是工程技术人员、管理干部，还是技术工人，均为合肥的工业发展立下了汗马功劳。他们中不少人不仅是企业生产的骨干、解决技术难题的能手，而且培养了一大批技术和管理人才。这些人才后来分布到全市各企业，为合肥工商业发展起了相当大的作用。

可以说，在很长的一段时间里，合肥东城地区建起了较完备的工业体系，东城地区的工业经济产值也成为合肥GDP的重要来源。更为重要的是，正是因为有了东城良好的工业基础，加上50多年的发展，合肥市才在2005年开始实施具有历史意义的"工业立市"战略。数据显示，从2005年实施"工业立市"战略，到2010年，合肥市工业总产值从843.1亿元增加到3769亿元，不仅在2006年一举实现了"千亿"梦想，之后又连跨了2000亿元、3000亿元两个大台阶，逼近4000亿元大关。这些骄人成绩的取得，无不包含着东城所做的不可磨灭的贡献。

因此，如果说是历史选择了东城，那么更可以说，东城没有辜负历史的重托。在近半个世纪的岁月中，东城以自己博大的胸怀、坚强的意志、锐意的创新，交上了一份完美的工业经济答卷，为合肥乃至全省经济社会的发展做出了重大贡献。

第二章

『十里钢城』的荣光

——合肥钢铁厂的发展历程

合钢的火车运输

　　如果你不曾见过玫瑰，你无法想象它的芳香婀娜；如果你不曾亲临大海，你无法了解它的波澜壮阔；如果你不曾深入高山，你无法感受它的巍峨宏伟；如果你不曾见过钢花四溅，你无法体会它的撼人心魄。

　　1956年6月，在合肥东城、淝水之畔，一座宏大的钢厂——合肥钢铁厂应运而生，并在后来的几十年中成长为经济巨擘。

　　艰苦创业、改革开放、勇立潮头……一路风雨兼程，发展壮大，合钢为国为民，为合肥市乃至安徽省的经济发展做出了巨大贡献，奉献了几代人的毕生心血——每一座高炉，都凝聚着无数合钢人的辛勤汗水；每一朵钢花，都彰显着无数合钢人的无私奉献。

　　"十里钢城十万人。"这个受到毛主席两次视察的大型企业，除了一度仅员工就有近3万人，有矿山和20余家红红火火的生产分厂，年产值达到1.3亿多元的规模外，还有自己的医院、学校、商店，甚至有自己独立的电话局、报纸、公交、燃气公司以及派出所……走过近半个世纪的合钢，有着太多的回忆让几代钢铁人热泪盈眶，有着太多的历史让广大市民震惊不已，更有着太多的成就让世界叹为观止！

【生产】

"十里钢城十万人。"说起位于瑶海区的老合肥钢铁厂，真是有着太多的荣耀、太多的辉煌。这里不仅是安徽省第一炉钢水的产出地，而且作为国家冶金工业大型钢铁联合企业，合钢的产品曾畅销大半个中国，为国家建设做出过巨大贡献。

"十里钢城"的荣耀和辉煌

安徽第一炉钢水从这淌出

应该还有不少人对发行于1962年的第三套人民币印象深刻，其中的5元纸币，正面是炼钢工人，背面是露天煤矿，票面设计很鲜明地体现了当时的中国特色——煤钢工业是国家经济的重心。

的确，在中华人民共和国成立后不久的20世纪50年代，针对钢铁工业在重工业以及在国民经济发展中的重要作用，国家制定了"以钢为纲"的工业发展指导方针。1956年4月25日，毛主席提出中央和地方均要积极发展钢铁企业，沿海和内地均要发展钢铁企业，不仅要有大型钢厂，还要建立中小型钢厂，从而形成了钢铁企业大中小并举的建设方针，使得钢铁产业逐步形成了"三大五中十八小"的战略部署。合肥钢铁厂就是这一战略规划中的"十八罗汉"之一。

据档案记载，1958年，安徽省委根据中央提出的发展钢铁工业大中小并举的方针，指令当时的安徽省委机关钢铁厂兴建一座0.5吨的示范性小型侧吹转炉。"当时，来自全国及全省各地的设计、勘测和施工队伍共千余人在吃住条件差、施工机器少的困难条件下，发扬艰苦奋斗、自力更生精神，开始了兴建工作。"老职工孙克钧回忆说，工人们奋战在工地上，白天干、夜里干，挖土方、开石方，建铁路、铺管道、架电线，立厂房、筑墙体、装机器，人来人往、车来车去，互相配合，交叉作业。人们忘记了时间，一切为了早投产，一心挂在工程上。现在我们还能想象到，那绝对是一幅壮观的图画、一曲激昂的交响乐，其景其情一定非常感人。

就这样三班作业不间歇，历时一个月后，投资20万元的示范性转炉建成。1958年7月1日8时20分左右，注定是个载入历史的时刻——安徽省属钢铁企业炼的第一炉钢水出炉了，结束了安徽省属钢铁企业有铁无钢的历史。

据孙克钧、常天喜等老职工说，第一炉钢水出来后，全厂一片欢腾，人们四下奔走相告。不久后工人代表们抬着用这炉钢水轧制出来的钢材，敲锣打鼓，沿长江路步行向中共安徽省委报喜，宣告安徽不出钢材的历史结束了。

但很多人不知道的是，一开始计划这第一炉钢水并不是在合肥炼的，这中间还有个小插曲呢。据曾任合肥钢铁厂总工程师的肖振晗回忆，中华人民共和国成立前合肥没有什么工业，更别说钢铁工业了。安徽省筹建地方钢铁工业始于1956年6月。1957年，省委决定钢铁厂筹备处迁往有矿的马鞍山，定名为安徽省钢铁厂筹备处。当年，2座84立方米的高炉在马鞍山开始建设。但由于当时的冶金部不同意马鞍山大厂套小厂，安徽省钢铁厂筹备处遂迁回合肥建厂。

1957年8月，冶金部同意合肥建钢铁厂的规模为钢5万吨、钢材4万吨，于是安徽省据此进行设计与建设，至1959年先后建成炼钢车间、轧钢车间、250轧钢车间及76无缝钢管车间等。1958年7月1日第一炉钢水冶炼成功后，安徽省钢铁厂更名为合肥钢铁厂。

流金岁月的崛起

作为合肥钢铁厂投产最早的主要生产单位，合钢第一炼钢厂在1958年5月至9月是安徽省钢铁厂的炼钢车间。1958年9月至1982年4月，安徽省钢铁厂先后改名为合肥钢铁厂、合肥特殊钢厂、合肥钢厂、合肥第一钢铁厂、合钢公司、合钢一厂，炼钢车间也先后隶属于这些企业。1982年至1985年，炼钢车间改名为合钢第一炼钢厂。

而作为合肥钢铁厂主要生产厂之一的合钢第二炼钢厂就更厉害了：它的钢产量占合肥钢铁厂总产量的60%以上，占安徽地方钢铁企业钢总产量的50%左右。据档案记载，合钢第二炼钢厂的前身是1958年9月中共安徽

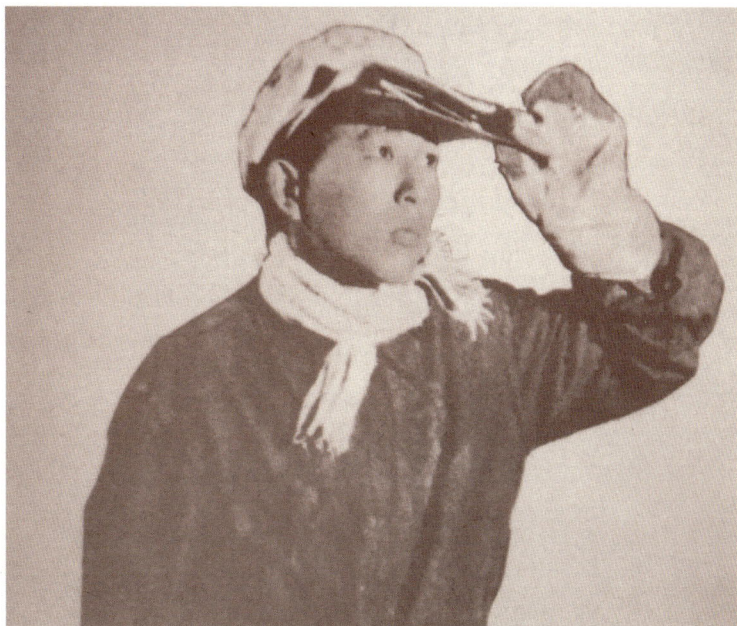

合钢女工人

1959年，合钢工人以新产品向国庆10周年献礼

省委创办的财贸钢厂转炉车间，1961年至1965年关停，1965年至1970年为合肥钢厂第二车间，后来厂名与车间名不断更换：1970年4月至10月为合肥二分厂转炉炼钢车间，1970年10月至1973年2月为合钢第二钢铁厂的炼钢营，1973年3月至1978年3月为合钢第二炼钢厂，1978年3月至1984年8月为合钢第二炼钢厂的炼钢车间，1984年8月后为合钢公司第二炼钢厂。

因为产量很大，合钢第二炼钢厂的厂区内有运入铁水、输出钢锭等的铁路专用线3条，分别通向炼铁、焦化和一厂区各生产厂；公路南可达南淝河矿石码头，北通合裕路。

在合钢工作了一辈子的张智纯和陈先文两位老人，如今已是耄耋之年，但谈到合钢，依然能清晰地看到他们眉眼中的神采，那是无论如何都掩盖不了的兴奋，那是发自内心的自豪。

据他们介绍，1958年合肥钢铁厂正式成立，并迅速迎来它的荣耀时刻。"1958年，毛主席来合钢视察，察看了炼钢的情景，关心合钢的生产，还很关心工人的生活，那个时候大家都很高兴。"回忆起毛主席前来视察合钢的场景，陈先文老人神采奕奕，"我那个时候年轻，干劲儿十足，毛主席的到来让我们对工作更加充满热情。"

或许正是这份热情，让合钢犹如坐了直升机一样一路向前，二三十年的时间就发展成了合肥最大的企业，拥有约3万名员工。如果用一句话来形容，可以说合钢建设于1956年，荣耀在1958年，沸腾在60年代，升华在70年代，辉煌在80年代。那些年，沸腾的炼钢炉是合钢人的骄傲，炽热的火花展示着它的灿烂辉煌。

我们知道，钢铁厂的主要生产分厂有炼钢、轧钢和焦化等，辅助部门有动力、机修、制氧、轧辊、维修车间和汽车队。炼钢分厂主要工作是将生铁化成铁水后经转炉炼成钢，浇铸成钢锭供轧钢分厂轧钢材；轧钢分厂先是将钢锭加热后轧成钢坯和轧材，然后将钢坯轧成方钢、圆钢、螺纹钢、小扁钢、轻轨钢等钢材；焦化分厂是将耐火材料加工成砖，经砖窑烧制后供炼钢分厂炼钢用。而在这些工作中，每项工作都是非常辛苦和劳累的。

"我记得当我第一天上班穿上崭新的工作服、戴上工作帽和手套站在师傅旁边看炼钢转炉里喷出耀眼的火花时，有点开心不已，不时向师傅问这问那。但不一会当转炉倒下炉渣时，股股热浪扑面而来，我吓得直往后退。因为看起来好吓人，特别是看到师傅还下到炉坑里去挂渣锅，更是担心稍不注意就会掉进一千多度高温的红渣锅里。"老职工常天喜现在还时时能记起刚上班时的情景。不过在以后的工作中，他并没有被这些吓倒，反而努力工作，拼搏在前，先后获得了省劳模等多项荣誉。

炼钢要铁，而炼铁必须用焦炭。焦炭是炼铁高炉的"食粮"，一刻也不能缺，因此合钢的不少工人一开始进的就是焦化分厂。这里是钢铁厂的前沿阵地，工人也是非常辛苦的，他们成天同煤和火打交道，每天三班，24小时生产不停。焦炉里的温度高达1200摄氏度，炉顶、地面温度都高达七八十摄氏度，而且一直有烟灰冒出，因此非常艰辛。"每次干完活都是满脸满手黑乎乎的。有个细节我至今还记得，由于高温操作，每出一炉焦炭，我就要去喝两饭盒的水来解渴。"张智纯说。

炼钢和轧钢等分厂的工作也一样。一些老职工说，他们那时下班满脸漆黑，只能看见两个眼珠子在转动。钢铁企业好多工作都是重体力活，完全靠人工将四五十斤重的铁块送进化铁炉化成铁水，再用钢包倒进转炉里吹炼成钢。"每天下班累得腰酸背痛，把肚皮填饱后倒在床上就再也不想起来了。"

的确，当时的工作很累，条件也很艰苦，但就是在这样的情况下，没有工人抱怨辛苦；相反，"一个萝卜一个坑"，因为整个炼钢过程每个环节都不能停顿、脱节，所以每个工人都有集体观念、遵守纪律，没有丝毫松懈。有不少工人都是带病上班，更谈不上照顾全家老小。或许可以这样说，虽然大家的脸都熏黑了，但他们的心是火热的，都在为实现中国经济的发展而奋斗、拼搏。

合钢人的奋斗

档案记载，早在20世纪80年代中期，合肥钢铁厂年产钢就达到了25.26万吨，年产生铁18.71万吨，年产钢材18.43万吨，分别占全省地方钢铁厂总产量的96%、43%和80%；实现工业总产值1.3亿多元、利润1808万元。生

热火朝天的合钢生产车间

产的主要产品有优质钢材和普通钢材200多个钢种1200多个规格，为安徽和其他省市的电机、汽车、轻工、农业、建筑、化工和军工生产提供了材料，其中有部分钢材还供应给中国机械进出口总公司作为生产出口产品的用料。1993年，合肥钢铁集团有限公司成立，合钢成为国家冶金工业大型钢铁联合企业。

合钢取得如此辉煌的成就，是与一群奋斗的合钢人分不开的，多年来涌现出许多位全国、省、市劳模。这也成为它一道靓丽的风景。

1954年出生的蔡善明是全国"五一劳动奖章"获得者，曾任合钢集团小型轧钢厂副厂长、线材车间主任。工人们回忆，蔡善明担任线材车间主任时，严抓管理，规范工艺，对设备进行多项改造，当年实现年产钢材11.3万吨，并连续3年钢材产量保持每年以19.76%的速度递增，产能由原来全国排名第20位一下子跃居首位。他在线材车间进行的"一火成材"改造，创造了首月改造、次月试产、第三月达产的辉煌成绩，突破年产设计能力20万吨大关，经济效益大大提高，创造了一个历史。

1966年10月出生的刘明胜是合肥市劳模、"合肥十大杰出青年"，曾任合钢集团小型连轧厂高级工程师。他自从选择冶金行业那天起，就立下了为钢铁事业奋斗的志愿，为此他刻苦钻研，勤奋工作，放弃轻松舒适的管理岗位，主动要求到生产一线，大胆改造洋设备的不足之处，经常在生产现场工作14个小时以上。新设备投产的几年中，他带领大伙开展几十项攻关，为厂里创造效益3000多万元。

正因为涌现出了这么多的劳模、优秀共产党员，当前些年有人大代表提议建设合肥市劳模主题公园时，有关部门就想到选址在合钢厂内。

也正是在这些劳模等的引领下，经过数以万计的几代合钢人几十年的努力，合肥钢铁厂取得了骄人的辉煌成绩。数字是最好的说明。到20世纪80年代中期，合钢的产品中有优质钢和普碳钢2个系列；钢有8大类200多个品种，钢材有6大门类1200多个规格；30多年累计产钢304万吨、钢材217万吨、生铁148万吨，实现工业总产值15.94亿元；产品远销省内和全国各地，用合钢优质扁钢作原料的制成品还远销古巴以及东南亚、非洲等地13个国家和地区。

虽然昔日的繁荣——钢花飞溅、机声隆隆、灯火通明和成百上千的工人涌入工厂的壮景——已成为合钢的记忆，但那个年代的合钢，是一块亮闪闪的"国"字招牌，有着无与伦比的辉煌，为合肥乃至安徽的经济发展做出的贡献是十分巨大的。当然，能当上合钢人，更是一件十分骄傲的事。

【关怀】

1958年9月18日，毛主席视察合肥钢铁厂。每到一处，毛主席都与工人们亲切交谈，询问生产、生活状况。年轻的陈先文就是被询问者中的一个，"那是一生最幸福的时刻"。虽已过去60多年了，当时的情景依然深深地印在陈先文的脑海里，伴着他从青春到白头。

这一天，毛主席来到了合钢

几张珍贵照片

1958年9月18日下午，合钢工人和在厂参加劳动的省、市机关干部沸腾了，因为几辆疾驰的轿车进入厂区停住后，一个人走了下来。这时有眼尖的工人一下就认出了他是毛主席！

毛主席下车向人们频频挥手致意。"毛主席万岁"的欢呼声一浪高过一浪，人们潮水般地向毛主席涌来，当时随行的摄影记者侯波"咔嚓"一声留下了珍贵的历史资料。合钢党委书记施炳智、厂长吴登岸紧随左右，和毛主席一起向炼钢车间走来，陪同的张治中、曾希圣等领导同志并行在后。当毛主席走到车间门口停下看黑板报时，侯波同志一个箭步上前，又拍了一张照片。

毛主席进入车间，问炼钢工人好。跟在毛主席身后的人多，侯波无法进入，即向钢架上攀登。这时，有人高喊："开炉！"飞溅的钢花如同焰火闪烁。毛主席头戴笆斗帽，手拿望火镜，全神贯注地观看钢水出炉。

侯波同志"抢占"制高点拍下了珍贵的镜头，不少工人围在毛主席周围，随着毛主席来回走动，他们清楚地看到他老人家红光满面、神采奕奕。

真的是毛主席来了

陈先文是巢湖柘皋人，高小毕业后，在家跟随父母务农。当时合钢到巢湖招工，他从老家来到了合钢上班。1958年8月20日进厂后，陈先文"开始在车间里打打杂，做做义务劳动"，一点一点熟悉工作环境。他无论如何也没有想到，不到一个月，他在工作的地方竟然见到了毛主席。

据陈先文回忆，9月18日那天他上小夜班，下午3点钟，他和一群学员像往常一样上班。"跟平时不一样，车间保卫处的人都出动了，厂房周围都拉起了绳子。"陈先文注意到，厂区里原本坑坑洼洼的泥巴地都被填平了，打扫得特别干净。"我们不知道是怎么回事，猜想恐怕是省里有大干部要来，都想着能不能见一见呢。"陈先文说当时自己见过的最大领导就是厂长，根本不敢想会是毛主席来了。大家一路嘀嘀咕咕，凭着当时印有姓名等信息的工作证进了车间。

车间里也是焕然一新，物品摆放得很整齐，人员有秩序地流动。"我们更加肯定了是有领导来参观"，陈先文说。当时厂里一位领导给他们上了堂课，告诉他们从下周起就是正式学员，将要分配在转炉和化铁炉岗位，并带他们到炉旁看老工人是如何操作的。"我们都很高兴，要学技术了"，陈先文说。领导讲完后，他们正打算走，忽然看见门口停了好多辆车，他们就站住了。这时，车间东面传来一阵阵"毛主席万岁"的欢呼声，陈先文这才意识到真的是有领导来了，而且是他做梦也没想到的毛主席！

"我就站在化铁炉前，毛主席从东面走来，站在化铁炉边上。"陈先文说当时保卫处在维持秩序，大家不敢挤上前。"毛主席看了看炉子，又转过头看了看人群。"陈先文说也许是学员们的一套白衣吸引了毛主席的目光,"他老远盯着我,我很激动,也有点害怕。"陈先文当时并不在最前面,距离毛主席四五米远。"主席穿过人群,大步走到我跟前,伸出了手。"陈先文说自己先是伸出了一只手,很快两只手紧紧地握住了毛主席的手。"他问:'小伙子,你多大了?'我说:'我20。'他说:'你长得很好。'"回忆与毛主席的对话,陈先文说像在聆听一个长辈的教导,那低沉而有力的声音,温暖人心。"他问我这是什么炉子,我说这是化铁炉。他又问化铁水干什么,我回答说是炼钢。"

据陈先文说,这中间还有个小插曲呢。当问到陈先文是什么时候进厂时,毛主席将"今年"听成了"今天",一脸惊讶的表情,后在随行人员的解释下才明白过来,哈哈大笑。"快走的时候,毛主席告诉我以后要更好地学习,我听了后连连点头,说我会更加努力学习的。"随后,毛主席便离开了。陈先文抬头看了一眼车间里的钟,时间定格在了下午5点18分,这也是他这辈子无法忘怀的数字。

这是家里的"传家宝"

从那以后,陈先文便成了厂里和老家远近闻名的人。"村子里都传开了,都知道我见到了毛主席,还和他握手了。好多人都跑来问我是不是真的。"当年国庆期间,陈先文抽空回了趟老家,村民们争相到他家问这问那,眼神里满是羡慕。

"我是一个穷孩子,在地方连县干部都没见过。见到毛主席,是好大的幸福。"陈先文说,正是在这样一种精神的鼓舞下,他在之后的工作生活中,始终保持乐观开朗的心态。陈先文现在住的房子不大,特别是狭小阴暗的客厅里,到处都是灰尘,伸手就会留下印迹。可那张放有跟毛主席合影的相框却一尘不染。"这是我们家的传家宝,得空就拿布擦擦,久而久之就和

美国著名记者安娜·路易斯·斯特朗访问合钢

新的照片差不多了。"

　　据档案记载，除了1958年9月18日这一次外，1959年10月28日毛主席再次视察安徽时又来到了合肥钢铁厂，鼓励合钢的员工"大有希望"。另外，邓小平、叶剑英、彭德怀、聂荣臻、彭真、董必武、李先念、刘伯承、李维汉、罗瑞卿、杨尚昆等党和国家领导人也都来考察过合钢，美国著名记者安娜·路易斯·斯特朗、苏联记者代表团、法国鲁瓦特尔公司特钢代表团都曾先后到访合肥钢铁厂。

【生活】

　　20多家生产分厂，仅工人就有近3万人，1985年产值就达到了1.3亿多元……这就是毛主席两次视察的大型企业合肥钢铁厂。不仅如此，合钢还有自己的医院、学校、影剧院，甚至有自己独立的电话局、报纸、公交、燃气公司以及派出所、招待所……可以说它就是一个"小社会"。

"小社会"中的合钢

记忆中的合钢影剧院

　　作为当时几万合钢人工作之余文化生活最主要的载体，存在了几十年的合钢影剧院会时常被很多人想起，因为它承载着合钢人的回忆，陪伴了几代人的成长。"老合钢人至今回忆起那座影剧院还习惯称之为大礼堂。"在合钢度过童年和少年时代的安徽艺术职业学院的汪和平教授回忆说。

　　在汪和平的记忆中，合钢影剧院是一座红砖水泥的建筑，坐南朝北，外形采用徽派建筑的马头墙造型。剧场内是一个以舞台为中心、两边对称式的水泥圆柱为主结构的二层观众席。剧场的顶部采用当时普遍使用的一种马粪板材料，刷白后用木条装饰和固定，顶部中间镶嵌着一个大的立体红星，和舞台两侧的两颗小红星遥相呼应。舞台上的装置配有三道墨绿色的沿条和站条，放电影时白色的大银幕会放下来，演戏和开会时银幕就收起来了。

　　"场内的座椅最初非常简陋，是用水泥和砖砌成的，上面还编上号，场内两边和中间各留一个大通道。直到20世纪80年代后，水泥凳才换成了影院的专门沙发座椅。那时天热时观众进剧场看戏要自带扇子，也是后来才在观众席两侧各配有两台车间用的大电风扇。"汪和平说，他之所以对合钢影剧院记忆比较清晰，除了早在1965年他家就搬到了紧挨影剧院的一套住房外，还因为一件事——"记得上小学时每逢六一节，老师总会要我画一张庆祝六一的刊头，那时刊头大体内容都有天安门、彩旗、气球、鲜花这类的。有一年我出于对影剧院的热爱，就大胆地把影剧院比作天安门画到了画中央，上面插着彩旗，大门上挂着四个大红灯笼，蓝天中还有飞翔的白鸽，画面非常喜庆，老师们也大加赞赏。至今我还记得最清楚的一句话就是：'你看你把合钢大礼堂画得像天安门那样漂亮了'。"

　　影剧院主要的功能当然是放映电影和开大会等。不过除了这些之外，合钢影剧院里的文化生活也是非常丰富的。合肥钢铁厂有自己的篮球队、锣鼓

古朴的合钢影剧院

合钢影剧院的电影票

队和文艺宣传队。影剧院还经常有省市文艺团体来演出。汪和平印象较深的有省文工团演的《洗衣歌》舞蹈；省杂技团的椅子顶、钻火圈和空中飞人；京剧团演的《白蛇传》，特别是斗法海那场武戏，那虾兵蟹将身上的装束和道具及舞台上的神幻世界引起了不少合钢人极大的兴趣和好奇，至今难忘。而最值得一提的是，在合钢影剧院经常排练的合钢文艺宣传队，最后发展成为《沙家浜》剧组。这个剧组后来成为一个准专业的文艺团体，还经常应邀外出表演。

20世纪70年代中叶至90年代初，合钢影剧院成了钢北生活区的活动中心。每到傍晚，这里就开始喧闹起来，大广场上有打篮球的、摆地摊的，大人小孩都会汇集到这里。特别是周末和每月发工资的9号，百货店挤满了购物的，聪明的小商贩都会备足丰盛的货物云集到这儿。影剧院院墙东角的售票处是大家的必去之处，两个柜窗张贴着电影大海报，黑板上用白字写着放映电影的预告。因为合钢里的人来自五湖四海，所以合钢影剧院广场每天都飘着天南地北的方言，芜湖话、吴侬软语、四川方言……整个厂区洋溢着一股"山寨版的国际范"，很是时髦。

时过境迁，斗转星移。虽然随着时代的发展和变迁，曾经热闹非凡的合钢影剧院已成为仓库，合钢影剧院的名字也变成了一个公交站牌的名字，但它留给许多人的依然是永久的记忆。

难忘食堂和澡堂

　　说到合钢人的生活，除了精神需求外，和人们生活息息相关的莫过于食堂和澡堂了。据相关档案资料记载，到1985年年底，合钢3个厂区共有食堂24个，光炊事人员就有近500人。

　　据张智纯、陈先文等一些老工人回忆，有些食堂离车间不太远，到了吃饭时间，工人们鱼贯而入，在窗口前排起了长长的队伍。他们穿着才被红钢映照过的满是油腻、汗渍的工作服，身上散发着钢铁的味道，脸上荡漾着那个年代特有的澄澈笑容，手里拿着饭盒，一边排队，一边谈着生产情况，或是彼此戏谑、开玩笑。排到窗前，他们拿出菜票或饭票，从窗口端走热气腾腾的饭菜，然后坐在水泥砌成的桌前，咽下钢铁炼成的岁月和生活。

　　那时候，一份肉就几角钱，素菜也就几分钱。如果窗口是个漂亮的姑娘，就自然会有不少小伙子排在姑娘所在的窗口，顺便在端饭菜时搭讪几

合钢内的商场

句。确实，在合钢这样男多女少的工厂，漂亮姑娘是钢铁之外的一道绮丽风景。

工人用的饭盒大都是那种砖头形状的长方形铝合金饭盒，方便而实用。大多数的饭盒里都安静地躺着一只洗涤用的白口罩。对不少合钢人来说，这饭盒不仅装下了饭蔬，也装下了他们的青春。只是到了20世纪90年代之后，毗邻食堂的地方开了许多小餐馆，很多工人为

合钢人自制冷饮

了改善伙食或是小酌一杯，便会时常到这些小餐馆打个"牙祭"。

对于一些合钢的孩子们来说，食堂也是他们常去的地方。当然，他们去食堂并不是为了吃饭，而是为了逮麻雀。我们都知道，食堂是麻雀的天堂——四处撒落的饭粒，饭后无人的安静和安全。逮麻雀时，孩子们先把玻璃窗和大门关好，然后开始追撵、轰赶麻雀。惊慌的麻雀四处飞逃，误以为窗户就是天空，不停地向玻璃窗撞去。被撞得昏头昏脑的麻雀很快就再也飞不动了，在地上扑腾几下后，只好束手就擒。

除了食堂，对于合钢工人来说，澡堂也是一个必不可少的地方。据档案记载，到1985年时，合钢3个厂区共有澡堂16个。

在合钢一些老职工的记忆中，一般澡堂都是红砖瓦顶的平房，男浴室和女浴室各占一半。一走进澡堂，就是不到20个平方米的换衣室，墙壁四周和中间放着木椅，木椅用手掌宽的木板拼成，由于水汽的长期浸润，木板泛着温润、黄亮的水光。木椅上方的墙上钉着长钉，作为衣钩。浴室中一般都

有2个用水泥砌成的约4米长、3米宽的浴池；浴池四周砌了半池高的坐坎，供浴者坐浴；每次澡堂开门后，守澡堂的职工先进来，拧开蒸汽的阀门，不一会儿，浴池里就热气腾腾了。

对于合钢的工人，特别是一线的炼钢工人来说，每天下班洗澡是雷打不动的事情。不少老职工甚至说，时间一长竟成了一种本能反应，一到下班时间，身体的每个细胞似乎都涌向了澡堂。尤其是在冬天，充足的蒸汽让整个澡堂热气腾腾、雾气缭绕，看不见的热力按摩着全身，甚至会造成一定程度的缺氧，让人胸闷、气短，就像现在的桑拿室。"坐在浴池里，闭上眼睛，温热的水一阵阵荡漾过来，挤进每一个毛孔，皮肤很快由白转红，脸上不断渗出细汗；最后，身体就像被热力耕耘过，非常舒服。"现在不少老职工还能回忆起当年的感受。

令人羡慕的福利

20世纪七八十年代，在东门一带流传着这样一句话——"合钢的小伙安纺的姑娘"，说的就是嫁人要嫁给合钢的小伙子，娶人要娶安纺的姑娘。为什么呢？因为这两个企业的效益好，工人待遇高，福利也很好。因此在合钢当工人，成为那个年代合肥不少青年人梦寐以求的。有不少老职工现在还开玩笑说："合钢的小伙子找媳妇就是比别人好找些。"

的确，在那个时候，合钢公司福利种类繁多，五花八门，经常发的有鸡、蛋、鱼、肉，还有毛巾、卫生纸及衣服等。特别是一到过年，合钢公司就会发各种年货，例如水果、海鲜、猪肉等。如果是双职工家庭，根本不需购买年货，还会为怎么贮放如此多的年货而发愁，因为那时很少有人家有冰箱的。"对年货，我印象比较深的是那时鲜见的海鲜，我记得那些带鱼、鱿鱼、鳗鱼等被平均分堆，然后每堆编上号，再在纸上写上编号，最后采用拈阄的形式来分。"老职工张智纯说。

而那时，合钢公司夏天最大的福利是发冰糕、汽水。不少工人常常下了

合钢中学图书室

早班后，带上冰糕桶，骑着自行车去领冰糕。有的工人一拿到冰糕，就迫不及待地先取出一根，然后惬意地靠在窗台前，或是蹲在屋檐下，慢慢吮吸，仿佛这是生活的全部滋味；有的工人则一边吃冰糕，一边看着从不远处炼钢炉里升腾的、弥漫天空的烟雾，心里不由得一阵自豪。

除此之外，在西装刚流行时，合钢还给职工发过西装。"记得那时候似乎是在一夜间，厂里出现了很多穿西装的人，就像那一年的春风在某一天就吹遍了合钢。"不少合钢人都是第一次穿西装，因此觉得既新鲜又别扭。

特殊的厂子弟

我们知道，工厂孕育了工业文明和工人阶级，同时工厂也孕育了一个独特的群体——厂子弟。

厂子弟，很难有一个正式和准确的解释。有人说，并不是你生活在工厂里就是厂子弟，而应具备这样的元素：生活在20世纪的60至80年代；父母在厂里工作和生活了一辈子；进过厂里的托儿所，读过厂里的子弟校；接父母的班在厂里工作；大部分兄弟姐妹都在厂里工作。最重要的是，所在的工厂成为你的身份和名号，成为你生命中抹不去的"刺青"，更成为你行走江湖的"投名状"。

不少老职工都说厂子弟之间有着特殊的、血浓于水的兄弟关系。因为一个厂子弟和另一个厂子弟可能从一出生就住在同一个大院或楼上楼下，在一起上托儿所，又在同一个子弟校读小学、读初中、读高中，他们有着共同的同学、老师，有着相互勾连、亲密无间的童年、少年、青年时期的回忆。他们一起上学、放学，进厂后，又在同一个工厂工作，成为工友，有时甚至可以一起干点"坏事"。情感都是时间打磨出来的，这种贯穿一生的同气连枝和相濡以沫，"窖制"出浓酽如酒的兄弟情感，特别是青春期的经历，彼此的生命深深地嵌入对方，留下鬓如雪时可以回望的青涩月光。

"就拿我的几个厂子弟同学来说，我们住得非常近，当要出门玩耍时，我就从家里出发，往右走一百多米，只要一招呼，一下子就能喊出5个以上的厂子弟同学。"在合钢度过童年和少年时光的汪和平说，他们当时经常在合钢影剧院边上的一个小土坡上玩，伙伴们效仿电影《地道战》《地雷战》《英雄儿女》《狼牙山五壮士》里的打仗情节，攻山、守山、挖战壕、打泥巴仗，有时还会与另一支"队伍"为争山头展开激烈的"战斗"……

我们知道，人与人之间共处相融的时间决定了彼此情感的厚薄和关系的疏密。厂子弟从小到大都生活在工厂这个社会，彼此之间的交集可以说接近了最大值。而且，很多厂子弟的父母都是朋友、战友、工友，甚至是世交等，这种关系也延续到下一代身上。因此，有人开玩笑说，合钢厂子弟之间的那个关系，就像被合钢的产品钢铁打造的一样非常铁，而且是不可名状的。在现在这种社会生活流动性大的情况下，厂子弟那种从小到大都活在对方身影里的交情可以说是"绝版"了。

【现状】

2018年12月，由工信部组织召开的第二批国家工业遗产名单发布会在北京举行。地处合肥东部新中心核心区域的合肥钢铁厂被认定为国家工业遗产。其是迄今合肥唯一入选国家工业遗产名单的地方。

合肥钢铁厂成为合肥唯一国家工业遗产

获批国家工业遗产

合肥钢铁厂始建于1958年，开启了现代安徽地方炼钢工业的历史，历经多次调整改革，于2015年年底贯彻国家的去产能政策关停。合肥钢铁厂承载了半个多世纪合肥工业发展的历程，具有很高的文化、历史价值。2018年6月，合肥东部新中心（瑶海）建设指挥部以厂区内保存完整的1958年建设的小高炉、高炉区、铁轨、轧钢厂等生产设施为核心物项申报国家工业遗产，经部门推荐、专家评审、现场核查，终获得工信部认定。

所谓国家工业遗产，是指在中国工业长期发展进程中形成的，具有较高的历史价值、科技价值、社会价值和艺术价值，经工业和信息化部认定的工业遗存。其主要分为物质遗存和非物质遗存。物质遗存包括作坊、车间、厂房、管理和科研场所、矿区等生产储运设施，以及与之相关的生活设施和生产工具、机器设备、产品、档案等；非物质遗存包括生产工艺知识、管理制度、企业文化等。国家鼓励和支持公民、法人与社会机构通过科研、科普、教育、捐赠、公益活动、设立基金等多种方式参与国家工业遗产保护利用工作。

国家工业遗产牌匾

　　为发挥工业遗产在推动合肥东部新中心建设中的关键作用，在瑶海区政府主导下，2018年3月完成了"工业遗址公园及文化创意廊道空间规划"的招标工作。

　　据介绍，规划秉承"原真保护、多元发展、资源整合、继承展示、产业拓展、动态更新"原则，一方面依托合肥钢铁厂的工业遗产高炉区建设工业遗址公园，通过对工业设施设备、工业人造物等进行保留、改造利用、再生设计，建成可供市民休憩、观赏、娱乐，以及发展文化创意产业、进行工业科普教育等活动的多功能空间；另一方面以"整体保护、合理利用、可持续发展"为方针，建设合肥钢铁厂遗址博物馆，全面展现合肥钢铁厂的历史文化、发展历程、突出贡献。通过工业遗址公园和博物馆的建设，努力推进城区面貌转变、产业转型升级、群众幸福感提升，打造老工业基地转型发展样板区。

合钢的工业遗迹

　　合肥钢铁厂筹建于"一五"期间的1956年6月，建成于1958年，是合肥市的早期工业基地，是安徽省地方钢铁的骨干企业，是华东地区的重要生铁基地。

当然,时代发展到今天,合肥钢铁厂不仅是一座座厂房,而且刻印着城市深处的工业历史记忆,其中就包括小高炉、高炉区、铁轨、轧钢厂等生产设施和《合钢战讯》《合钢小报》、口述史等相关文化资料。

建于1958年的小高炉,采用的是有料钟装置和无料钟装置。1960年初期,由于扩建年产生铁规模,实施钢铁企业发展的新政策,小高炉报废,小土群停建,新的高炉群建成。可以说,1958年的小高炉是合肥钢铁厂最早的生产设施之一,见证了合肥钢铁厂的诞生和发展历程。

高炉区位于合肥钢铁厂内部,是其炼铁厂的主要组成部分。高炉区始建于1960年,现存有一号高炉、二号高炉、三号高炉、四号高炉及其他各项附属设施。高炉本体分为炉喉、炉身、炉腰、炉腹、炉缸5个部分。应该说,高炉区的发展体现了合肥钢铁厂由土到洋、由小到大的发展历程。

合肥钢铁厂的专用铁路线兴建于1970年,有高炉I线、II线、III线,全长324米,高炉专行线317米。高炉区相关专用铁路线现存2条,长约300米。高炉区专用铁路线内与各车间连接输送冶铁产品,外与淮南线连接接收

国家工业遗产——合钢高炉区

原料等。

在抓好生产的同时，合钢人的群体感情特别深厚，群体荣誉感特别强，钢铁文化与企业精神相辅相成。例如，合肥钢铁厂始终重视思想教育和精神文明建设，于 1959 年创办了《合钢小报》、1977 年创办了《合钢战讯》。这些报刊深刻记录了合钢的发展历史、技术革新和合钢人的精神文化，现在也保存下来不少。

另外，人们以老厂长、技术骨干、先进个人为主，结合企业发展和个人成就等多方面对合钢老人进行走访，留下了宝贵的影像资料，补全了合钢辉煌时期的企业面貌和个人发展轨迹。这些合钢人是全社会的宝贵财富。

除此之外，合肥钢铁厂还保留了大量历史资料，包括工厂历史、政治、技术、人员、管理、财务、规划、安全等方面，它们是见证合肥钢铁厂作为合肥地方先进企业的重要实物资料，体现了其在合肥地区乃至安徽全省以及华东地区工业发展史上的重要作用。

工业印记不能磨灭

目前，合肥钢铁厂旧址几乎完全保留了钢铁生产的工艺和流程。在城市的主城区有这么一处相对完整的工业遗存，在全球也不多见。这也说明合肥钢铁厂的工业遗产承载了合肥半个多世纪的工业发展历程，具有很高的历史文化价值。

合肥钢铁厂核心区域面积为 4 万平方米，保留了钢铁生产的整个工艺、流程。遗址现场有 100 立方米、314 立方米、349 立方米、380 立方米的高炉 4 座，虽然高炉残渣已经凝固，往昔钢花四溅的荣耀只能在影像中留存，但当它转身而为工业遗存时，高耸的铁塔、蜿蜒盘旋的管廊、贴着地面的铁轨，都展现出不同于摩天大楼的历史肌理与力量，被悉心保护。它会唤起多少人的记忆？

保护遗产，就是保护我们每个人对这座城市的感情和认同，就是在社会发展的年轮上刻下新的印痕，夯实我们迈向新的梦想的基石。因此，瑶海区提出，工业可以搬迁，但工业印记不能磨灭。

合肥钢铁厂工业遗存保护资产移交瑶海区后，瑶海区先后3次进行了部分资产挂牌转让、遗存资产处置协调、工业遗产保护资产标志标识标注。市区两级正在谋划将此工业遗存发展成为文化创意产业，先期投入1.6亿元进行设备的除锈、修复、防腐、加固。

我们知道，合肥的母亲河南淝河流经合钢，如果说合钢是这座城市的"工业产床"，那么，两者的交汇一定会繁衍出"刚柔相济"的别样风情。

第三章

既『重』又『精』同发展

——记忆中的机械制造企业

> 说起原址位于和平路的安徽拖拉机厂，应该不少合肥人还有印象；但再提"江淮"牌拖拉机，知道的人可能就少了。"江淮"牌拖拉机正是安徽拖拉机厂的主打产品，在20世纪七八十年代风靡大江南北，用户评价甚至赛过"东方红"。

安徽拖拉机厂："江淮"赛过"东方红"

合肥工业发展史的浓缩

安拖厂，是合肥人对安徽拖拉机厂的简称。有人曾这样说，一部安拖厂的成长史，就是合肥工业发展史的浓缩。翻开历史档案，我们发现这话的确不假。

从1954年建厂开始，安拖厂曾多次易名，但几乎在每个阶段，安拖厂的产品都能创造当时的"第一"或者成为行业代表。1954年始建时，安拖厂名称为安徽省合肥农具厂，当时主要生产人民急需的双轮双铧犁、山芋切片机等小型农机具。1956年9月，厂名改称安徽省合肥农业机械厂，并且在2年后研制成功安徽省第一台8马力轮式小型拖拉机。后为适应当时火热的纺织行业对机械的需要，安拖厂在短暂地改称为地方国营合肥市纺织机械厂后，于1959年9月改称安徽省纺织机械厂，生产细纱机和梳棉机等纺织机械。1960年9月，安拖厂更名为安徽省农业机械厂，并在接下来的几年中，先后试制生产了仿法福格森MF－35型、仿匈GS－35型、仿苏德特－20型系列和跃进－25型等中小型拖拉机。在这样的基础上，1969年4

月，安拖厂在试制出江淮-40型轮式拖拉机后，被列为国家重点投资的扩建单位，并最终确定产品沿着拖拉机生产系列化方向发展。1973年，工厂定名为安徽拖拉机厂。

"江淮"牌拖拉机走遍大江南北

说起安拖厂，最让人们津津乐道的是，在20世纪七八十年代，直到21世纪初，该厂生产的"江淮"牌拖拉机在全国风靡一时。

而关于"江淮"牌拖拉机的生产过程，20世纪70年代在安拖厂担任主要领导的省人大常委会原副主任郑锐同志回忆说："1973年定名为安徽拖拉机厂后，省里批准了我们上报的扩建方案。为了加快工程建设的进度，我们建议采用会战方式，把相关部门与行业的力量组织起来，共同参与建设，于是成立了安徽省拖拉机会战领导小组，并于1975年2月28日在合肥召开了为期5天的江淮-50型轮式拖拉机会战会议，有29个部门、44个工厂出席了会议。与此相应，合肥市也成立了拖拉机会战指挥部，担负起安拖厂扩建工程的具体组织和现场指挥。"

到了1976年7月，江淮-50型轮式拖拉机通过了国家级产品鉴定。当年，江淮-50型轮式拖拉机的产量已达到1000台。1978年9月，安徽拖拉机厂的扩建工程全部竣工。据记载，全厂总计完成基建投资3600多万元，已具备年产5000台江淮-50型轮式拖拉机的生产能力。

"江淮-50型轮式拖拉机在全国都很有名，就是那种大型的拖拉机，和'东方红'拖拉机很像，但比'东方红'还好。我记得是3万多块钱一台，模具都是从德国进口的，这种拖拉机适合大型农场，耕地、运输都行。小一点的四轮拖拉机，1万多块钱一台，可以犁田，相当于现在的手扶拖拉机。20世纪七八十年代的时候，商家都需要提前一个月到厂里排队等着。"年逾古稀的赵大妈1975年进入安拖厂当车床工，一干就是几十年，如今回忆起"江淮"牌拖拉机，言语中透露着自豪。

安徽拖拉机厂工人正在调试拖拉机

　　赵大妈这话不假，不仅安拖厂所产的江淮－50型轮式拖拉机、江淮－12型小四轮拖拉机先后获省和机械工业部优质产品称号，而且"丰收"牌GP型系列塑料大棚还于1984年获国家银质奖。

　　同时，为了适应市场的需要，在保持江淮－50型轮式拖拉机生产能力的前提下，安拖厂开始转产江淮－12型小四轮拖拉机，兼产"丰收"牌系列塑料大棚，同时又研制了江淮－5型手扶拖拉机和微型汽车。尤其是转产小四轮拖拉机后，产品一直供不应求，在省内外享有较高的声誉。而早在1985年，安拖厂就能年产江淮－50型轮式拖拉机1200台、江淮－12型小四轮拖拉机8000台、"丰收"牌GP型系列塑料大棚356套，年工业总产值达4203.8万元，实现利润220万元。

能进安拖厂别提多骄傲

20世纪七八十年代，在东门一带住的几乎全是工人家庭，那个时候能当上工人是莫大的荣耀，而能进安拖厂当工人，更是了不起。很多老工人至今说起这件事，仍竖起大拇指："安拖厂在东城，东城是老工业区，很多住户都是工人家庭。一说到是安拖厂的工人，那真了不起，收入和福利都是响当当的，而且安拖厂的早点是全市收摊最迟的。"

赵大妈1975年进入安拖厂当车床工，3年学徒期一过，每月的工资是37.2元。"我当时属于重工一类，比重工二类的35元要多。进安拖厂可是很难的事情，大家都想留城。"赵大妈称，那时候拖拉机供不应求，他们要加班生产，厂里还提供夜宵，并有交通车接送。过年的时候，厂里还会杀猪，工人可以凭票领取猪肉回家过年。20世纪70年代，一块猪肉可都是奢侈品。

据档案记载，安拖厂的绿化也很有名，被称为"公园工厂"。现在和平路旁安拖厂原址新建的某小区内还保留着一片"青年林"，林中的树木都是新中国成立初期安拖厂员工栽种的。

在上海所有内迁合肥的企业中，位于合肥东七里站的合肥胶带厂留给人们的记忆也许并不多，但这改变不了它是个"特色鲜明"的企业：一开始的"股东"有二三十人，一张"白纸"上书写传奇，成为安徽省第一批"大庆式企业"……

合肥胶带厂：全国首批"大庆式企业"

为了改造"小业主""跑单帮"而诞生

　　要说合肥胶带厂的发展历史，还得从1960年内迁合肥的上海金星五金配件厂说起。而有关部门成立上海金星五金配件厂的初衷，则是为了改造一批"小业主"和"跑单帮"。"小业主"就是有少量财产、工具、原料的小生产者。"跑单帮"则是指以前从事异地贩运的小生意人，俗称"倒爷"。

　　这些"小业主"把自家的设备、财物抵押入股，其中能有一两台冲床的就算是大股东了，还有的抵押物就是些小板凳、小木桌了。刚建厂时约有50名"小业主"，迁到合肥来时尚有二三十名，他们都是地地道道的上海人，在当时形势发展的大潮推动下孤身来到了合肥。

　　当年，为了给迁来合肥的众多工厂的工人进行技能培训，合肥市劳动局特别组建了一个技工学校，并从北京、上海等地招来了老师。同时，为了解决一部分学员的经济困难，让他们既能学习又能劳动，合肥市工业局又从上海引入了金星五金配件厂。不多久，这些师徒便和迁来的金星五金配件厂并到一起成立了合肥金星五金配件厂。出生于1942年的曹恒岭就是1963年进入合肥金星五金配件厂的，并通过自己的努力一步步成长起来，在1985年至1994年还担任了后来的合肥胶带厂副厂长。

据曹恒岭介绍，最初的合肥金星五金配件厂生产的产品是一种用于传递动力的活络带，而他原先所在的建设局五金厂则主要生产圆钉、铁丝、电机等产品，两个厂的产品联系并不大。1963年，在合肥市工业局的协调下两厂合并，且在20世纪80年代初改名为合肥胶带厂。

108将撑起一个企业

"两厂合并后，我们的厂就迁到了今天的东七里站附近。"曹恒岭回忆起当年新厂的建设情况，当时那里还比较偏僻，有个废弃的炸药厂，据说因为经常发生爆炸事故而停工，路面也被炸得坑坑洼洼，一到雨天就是一摊烂泥。他们刚搬去的时候，炸药厂只剩下两栋平房和一栋破败的小楼，平房就作为他们的生产车间。那时没有水电，吃水都需要到水塘一担担挑，也没有像样的设备，整个厂除了几台脚蹬小冲床、平板压力机和一把刮浆用的大刮刀，剩下的就只有桌椅板凳了。曹恒岭说，他们就是在这样的条件下艰难起步，辛勤劳作，逐步做大做强。

据曹恒岭介绍，一开始厂里只有108名工人，被外界戏称为"一百单八将"，他是其中之一。这"一百单八将"都是厂里的骨干力量。当初，为了解决厂里设备匮乏的难题，他们把从钢厂和火车站买来的废旧设备装到板车上，靠人拉肩扛，一步步运送到厂里，又自己动手组装，钻研改进，不到半年时间就能投产了。

"所谓胶带，是指通过黏合使两个或多个不相连的物体连接在一起的东西，表面涂有一层黏着剂。它广泛应用于包装、建筑、木工、纺织、机械制造等行业。我们先后生产了活络带、铁芯轮、平胶板等产品，活络带是机械设备传动时使用的，其他的也都用在一些机械设备上，比如车床和刨床。"曹恒岭说。总之，有工业存在的地方，就离不开这些产品的应用，尤其是活络带，也就是人们后来所说的传送带。"起先，由于生产设备不足，我们都用手扳动压力机，再用冲床将其冲压成型。这虽然是最为原始、低效的方法，但是我们除此别无选择。可即使这般艰苦、落后，我们也最终攻克了重重难关。"

为数不多的"大庆式企业"

合肥胶带厂的产品并非只和工业企业有关，实际上和老百姓的生活也息息相关。比如，过去老百姓都用石磙在地上打谷子、打麦子，直到后来农业机械化，那些打谷机、打稻机才慢慢推广起来，像这些机器以及水利灌溉方面的设备都必须使用合肥胶带厂生产的传送带。

"我们是安徽省第一家生产传送带的企业，并且这种'行业唯一性'一直保持到了上世纪80年代。"曹恒岭说，因为这些产品的实用性和省内独一

20世纪80年代工作人员陪同外宾参观合肥胶带厂

性，一经推出便大受欢迎，许多公社和生产队甚至派人托关系来购买，通过多条渠道才能如愿以偿。

20世纪六七十年代，全国倡导"农业学大寨，工业学大庆"，合肥胶带厂在1977年的全国工业学大庆会议上被授予"全国大庆式企业"称号。这可是全省第一批"大庆式企业"，是一种无上的荣誉，整个安徽省被授予这一称号的企业也不到10家。"知道这一消息后，我和同事们别提多高兴了。我们知道我们是凭借着一股艰苦奋斗、自力更生、埋头苦干的精神，才把一个名不见经传的小厂发展成一个产品畅销、利润丰厚的全国先进企业。"回忆起往事，曹恒岭依然十分自豪。

当然，合肥胶带厂并没有满足于一时的硕果，而是顺应时代的发展，勇于革新工艺，学习更为先进的技术手段。在意识到了活络带的不足后，曹恒岭和他的同事们听说上海和浙江有一种"三角带"能够弥补活络带的缺陷，不会因使用年限久而伸展，便决心去当地企业取经。"我们先后去了三次，才凭借记忆画图、设计，制造出了新设备，研发出了新工艺，生产出了这种新产品。"曹恒岭当时作为生产技术科长也参与了产品的设计，所以至今印象十分深刻。

曹恒岭还说，他当时给这种产品注册为"亚"字牌，一是产品的形状像这个字，二是他希望这个产品能冲出亚洲、走向世界。"后来证明这个产品没有辜负我们的期望，在当时也是享誉国内的，仅次于上海和青岛生产的两个品牌。到了20世纪80年代，我们生产的这种'三角带'每厘米所消耗的材料和能源在全国都是最小的，但是它的耐久度和使用年限却是最长的。"

据记载，随着产品销售的火爆，合肥胶带厂又及时拓展业务，曾为安徽省最大的煤矿生产大型输送带。而随着合肥工业化水平的不断提高，厂里也先后为美菱冰箱厂、合肥洗衣机厂、江淮仪表厂等本地企业生产配件，还为合肥矿机厂的挖掘机和叉车厂的合力叉车生产橡胶密封配件。这些配件畅销

合肥胶带厂的省优明星产品

国内后又远销海外，赢得了国内外的一致好评，甚至在1997年工厂破产后仍然有许多外国客户前来订购。

荣辱俱往留美名

说起合肥胶带厂从繁荣走向衰落，可以说带有点戏剧性，甚至有点意外。而这个意外，只不过是一场传染病。正是20世纪80年代末的一场传染病，让合肥胶带厂栽了一个大跟头。

"当时为了防止这场肆虐全世界的传染病继续蔓延，人们无论是社交、工作，还是执勤等都戴上了一种乳胶手套。于是，在省外贸局的倡议下，厂里领导最终拍板决定，研制及大量生产这种手套，厂里的职工也相应增加到了一千多人。"曹恒岭回忆说，为此厂里前前后后投入了几百万元家底，包括引进设备、研发工艺、搭建厂房、组建生产线、购买原料，最后一共生产了2个集装箱30多万件产品。但是让人万万没有想到的是，随着这种流行病的消退，他们刚在国际市场上打开销路，市场需求就逐渐下滑，产品全部滞销。这一下使得合肥胶带厂损失惨重，连投资设备的钱也搭了进去，自此后也就一蹶不振、慢慢没落了，直至20世纪90年代末消失。

这么多年过去了，虽说曾经风光一时的合肥胶带厂如今连可供参观的遗址都没有了，但我们不应该忘记合肥胶带厂所取得的辉煌与荣耀，尤其是合肥胶带厂在发展历程中所表现出的与其他厂的不同之处，甚至是过人之处，这些都是具有历史意义的。

首先，合肥胶带厂是在一张白纸上建立成长起来的，没有和其他内迁企业同样的配套设备以及成熟的技术人才，只有几台破旧、落后的机器和一些桌椅板凳。在经营的同时，其还要兼顾国家的统战政策，改造"小业主"们的世界观、人生观和价值观。这一点是别的厂不具备的。

其次，合肥胶带厂能够在极其艰苦的条件下，发扬"自力更生、艰苦奋斗"的大庆精神，不畏艰难险阻，靠着一股拼劲、韧劲，把一个弱小不堪的小厂建设成一个卓有成就、享誉海外的中等企业，为安徽的工业发展起到了一定的推动作用。

再次，合肥胶带厂福利也比较好，能够保障员工们的生活需要。据曹恒岭介绍，早在1977年他们就大胆改革，在厂里实行经济责任制，就是在生产中，谁能控制产生的废弃物越少，消耗的材料越少，产品质量越高，谁就能拿到每月5元的奖金。要知道，当时厂里干部月工资也才45元，一般工人只有30多元。这种制度既激发了职工们的生产积极性，提高了生产技能，又为厂里实现了节能减排，大大降低了产品单位能耗。

荣辱俱往矣，作为安徽省第一批"大庆式企业"，合肥胶带厂留给我们的记忆是宝贵的……

　　合肥汽车保养场、合肥汽车配件厂、合肥汽车改装修理厂、安徽江淮汽车集团合肥车桥厂、合肥车桥有限责任公司……一个老厂这么多次改名，应该不多见吧！何况这个位于合肥东门的厂还创造了多项辉煌：改装制造了安徽省第一辆客车，自行设计、改装的汽车出口苏联……

合肥汽车配件厂：几易其名显风流

几易其名的老厂

　　1927年出生于江苏无锡的薛泉金，应该算是进合肥汽车配件厂最早的了。"1949年的时候，我的师兄到蚌埠修货轮，我便随他一起到了蚌埠。后来，当时的江淮水陆运输总公司水、陆分家，需要工人，我便在1951年从蚌埠到合肥，进了当时的合肥汽车保养场做铸造工人。"

　　据薛泉金介绍，合肥汽车保养场的前身是皖北公路局合肥汽车站车队保养组与皖北铁路工厂，1949年由前国民党徐州404厂合并发展而成的，最初只有七八名工人、1台车床、约60平方米的车间工棚，年产值不过万元，以保养、修理汽车为主。厂址最初在合肥市东门外戴安桥东白衣庵附近（现明光路路东），是1953年迁至明光路西面（现合肥汽车站附近）的。

　　1952年年底，合肥汽车保养场改名为合肥汽车修理厂，什么样的车都修，但还是货车居多。设备也由1950年的4台发展到67台，应该说是全省唯一较正规的汽车大修厂。这一点也得到了1951年进入合肥汽车保养场做统计工作的杨国媛的证实。要知道，在中华人民共和国成立初期，女同志参

合肥汽车配件厂出口苏联的"飞鹤"汽车

加工作的可不多。

1960年，合肥汽车修理厂又改名为合肥汽车配件厂，逐步建立活塞销等7条汽车配件生产线，拥有设备158台，批量生产50余种汽车配件，产量、质量在全国同行业中名列前茅。其中"解放"缸套、"跃进"活塞在1963年华东地区汽车配件质量评比中分获第一、第二名。

"1964年，由于省委小汽车修理厂并入我们厂，所以我们厂又改名为合肥客车修配厂。"1940年出生、1958年进厂的韩福根说，"在之后几年里，我们承担了军工二七产品的生产任务，采用CA10B底盘改装出了第一台省广播电视车，并在1969年试制成功了HF140驱动桥，开始了我们厂的驱动桥生产。"

合肥汽车保养场、合肥汽车配件厂、合肥汽车改装修理厂、安徽江淮汽车集团合肥车桥厂、合肥车桥有限责任公司……薛泉金、杨国媛、韩福根等老工人告诉我们，合肥汽车配件厂几易其名，是随着所生产产品的不同而改变的，20世纪70至80年代之间变更得频繁一些。"1970年，为响应国家号召，我们厂一分为二，成立了合肥汽车配件厂（隶属于市机械局）和客车修理厂（隶属于省交通厅）。汽车配件厂主要生产汽车钢套、气门、汽车轴、合齿、角齿等配件。之后几年里，在国家相应政策的驱动下，相继成立了'五七'厂和'知青'厂。特别是在1972年，我们厂自制出具有组合机床功能的后桥壳、减速器壳、左右罩壳流水作业线，为汽车后桥大批量、高质量生产起了重要作用。上世纪80年代初厂内经营调整时，两个厂再合并为一个厂，定名为合肥汽车改装修理厂。"

到了20世纪末的1997年10月，合肥汽车改装修理厂又接受了安徽江淮汽车集团公司的整体兼并，厂名更改为安徽江淮汽车集团合肥车桥厂（保留合肥汽车制造厂厂名），为江淮汽车集团核心企业之一，确立了以车桥为主导产品的专业化生产格局，走上了集团化发展之路。2002年9月30日，合肥车桥有限责任公司正式成立。

改装制造安徽省第一辆客车

1950年和1954年，合肥汽车配件厂试制出木质结构中型客车、单轴挂车，形成安徽省公路交通工业的第一代产品，为安徽公路交通工业的发展奠定了基础。具有代表性的要数1951年春改装的第一台铁木结构的客车——"爱国号"客车。这也是安徽省汽车史上的第一辆客车。

韩福根等老工人说，1951年，百业待兴，加上美帝国主义侵略朝鲜，战火逼近我国边界，当时的合肥汽车保养场的职工全身心地投入抗美援朝的热潮中，决心以自己的行动响应党中央"抗美援朝，保家卫国"的号召，决定生产改装车，发展客运事业，让志愿军战士坐上自己改装的客车上前线，为早日打败美帝国主义贡献工人阶级的力量。当时的制配车间承担改制任务，车间在木工老师傅杨胜晨和修理工高秀仁的带领下，群策群力，自己画图设计、制造出全木车厢，成功地改装出一辆带有31个固定座位和5个活动座位的客车。工人师傅们激动万分，奔走相告，为这辆新客车取名为"爱国号"。这一年共生产了4辆客车，国庆节这天长江路上人头攒动，"爱国号"驶入长江路向政府报喜。后来，这4辆车全都送到了部队。

自1952年成立合肥汽车修理厂之后，合肥汽车配件厂一直都在寻求进步。第二年，厂里就成功地用道奇T234型底盘改制成长途客车、用K5小万国底盘改装成铁木结构的客货两用车。"上世纪50年代，我们还创造了一项'全国纪录'——仅用2小时45分钟就大修了一部'依发'汽车，创造了当时全国的最快修车纪录，《人民日报》还报道了此事。我们清楚地记得那天是1958年3月14日。"韩福根说。

在寻求自身进步的同时，合肥汽车配件厂也不忘为地方发展做些贡献。1961年，为了帮助佛子岭水库运大型设备，厂里专门试制了一台20吨的大挂车。车是拼接起来的，轮子很多。韩福根等老工人还记得，当时他们的假期少，一周休一日，通常都待在厂子里，加上交通不便也没怎么往其他地方去过。"那时一二十岁，正是爱玩爱闹的年龄，于是当大挂车往佛子岭送东

安徽省第一辆客车"爱国号"

西的时候，我们便坐在驾驶室里跟着一起去。通常都是周六中午去周日早上回，当时道路不好，行车特别慢，单程就要六七个小时。到那里之后也都是晚上了，就只是东转转西走走，然后便连夜乘车赶回来，因为第二天要上班嘛。"

在20世纪50年代末期，合肥汽车配件厂大力生产挂车，应该说，为缓和当时运输能力不足起到了一定的作用；但另一方面，由于片面追求高速、高产，并提出"以木代钢"的口号，生产出部分低质木结构挂车，造成一定的经济损失。

在韩福根等老工人的记忆里，合肥汽车配件厂最辉煌的时期总人数有1000多人，工厂绩效也比较好，如开展的气门、后桥壳、连接体3条生产线大会战，"合肥130"农用汽车、"合肥741"型旅游车试制成功并投入批量生产，以及市里组织的"合肥130"农用汽车生产一条龙大会战等。而早在党的十一届三中全会以后，合肥汽车配件厂就成立了用户服务部，配备了技术服务和技术咨询工程车，做到服务上门。这在当时的企业中是不多见的。

1982年，合肥汽车配件厂开始挂出"合肥汽车改装修理厂"厂牌，后桥生产与汽车改装齐头并进；1983年5月，合肥汽车改装修理厂自行设计、改装的"飞鹤"HF142养蜂车，在北京"全国专用车展评会"上获优秀设计奖。"飞鹤"HF122双排座农贸车、"飞鹤"HF624救护车获展出奖，扩大了厂里改装车在全国的影响，也因此，"飞鹤"HF623还出口苏联30辆。老厂里小花坛中两只飞鹤的雕像就是因这个商标而建的，现在仍在老厂里面。

20世纪90年代之后，随着市场经济的不断发展，合肥汽车改装修理厂停掉了汽车改装生产，集中力量主攻车桥，并形成专业化生产，生产的多项驱动桥的新品种填补了国内空白，在1999年获得了国家级新产品证书。

前卫的文化生活

年产HF140、HF131、HF142后桥1万台，7Y2-500三轮、四轮机动车

20世纪80年代的合肥汽车配件厂

驱动桥3000台，各种改装车400辆；完成工业总产值2015万元，实现利润420万元……这是1985年合肥汽车配件厂的部分生产数据，从中不难看出这个厂的辉煌。

"工作之余，我们厂的文化生活也很丰富。"薛泉金、杨国嫒、韩福根等老工人说。20世纪70年代的时候，体委的几位运动员下调到他们厂并加入了他们的篮球队，此后在多次篮球比赛中他们屡立战功。此外，厂里的文工队的实力也不容小觑，20世纪七八十年代曾代表市工业交通系统去工人文化宫演出。"当时演的歌舞剧如《花儿与少年》《小二黑结婚》等我至今还记得一些情节。"参与演出的韩福根说，"这些东西在那个时代是很时尚前卫的，就是在今天也不落伍，前些年的央视春晚还有这样的节目呢！"

1997年，在市场经济的不断发展之下，合肥汽车配件厂被江淮汽车集团整体兼并，厂名变更为安徽江淮汽车集团合肥车桥厂。在这之后，美国车桥制造国际控股有限公司投资成立了合肥美桥汽车传动及底盘系统有限公司。"经过几十年的变迁，我们见证了它的成长和发展的历程，直到今天，关于老厂的记忆仍深深留在我们的脑海中。我们希望它能在今后有更大的发展和作为。"

在东一环与和平路的交口，坐落着一个比较老的小区，同周边的高楼大厦形成鲜明的反差。小区门口的牌子上"砂轮新村"几个金色大字引人注目，从旁边经过的人或许弄不明白"砂轮"究竟指的是什么、这里又为何叫"砂轮新村"。这就不得不提到新中国第一家、20世纪60年代名噪一时的合肥砂轮厂了。

合肥砂轮厂：新中国第一家砂轮厂

从仅有15平方米的办公室到千人大厂

"我们厂建于1954年，它的第一间房子，实际上就是原合肥模型厂的一间15平方米左右的办公室。办公室只有10多个人在筹备着建厂，当时叫陶瓷厂筹备处，后来人多了才改成砂轮厂筹备处。"1930年出生的吴宗智和1935年出生的胡明伟都是合肥砂轮厂的老工人，吴宗智还参与了创建合肥砂轮厂，并在合肥砂轮厂工作近20年；胡明伟曾任合肥砂轮厂检查科科长、支部书记等职。

据吴宗智和胡明伟等人介绍，一开始合肥砂轮厂可以说是"三无"：无厂房，无技术人员，无工人。于是，有关部门从芜湖陶瓷厂调了一批老工人来帮助建厂。这三四位工人来了以后，先建了一个很小的窑，并开始制造一些砂轮给他们看，可能是技术等方面的原因吧，刚开始造出来的产品都不是很精致。

在这种情况下，1956年下半年的时候，吴宗智和胡明伟，还有厂里的两位同事一起去沈阳的441厂（后改名第一砂轮厂）学习生产技术，这个厂在当时是保密的，是原来日本人留下来的工厂，能生产质量较高的砂轮。他们几个人，有负责学习烧窑技术的，有负责学习砂轮加工技术的，有负责学习质量检验技术的。后来，他们回到合肥砂轮厂，按照441厂的标准去检验当时厂里生产的砂轮，大部分产品质量都不过关。

合肥砂轮厂部分产品

1956年，合肥砂轮厂正式成立，高正均担任厂长，徐锡宁任副厂长。"你可别小看了我们厂，这可是新中国成立后的第一家中国人自己建的砂轮厂。"吴宗智和胡明伟说，"火炬"牌被定为合肥砂轮厂的商标。仅仅2年后的1958年，合肥砂轮厂的职工就超过了千人。

新中国第一家砂轮厂

所谓砂轮，又称固结磨具，是工业生产中提高机械光洁度的重要工具。砂轮是在磨料中加入结合剂，经压坯、干燥和焙烧制成的多孔体。砂轮的性质主要由磨料、粒度、结合剂、硬度、组织、形状和尺寸等因素决定。比如说，柴油机的气缸是很光滑、很密的，否则它就会漏油，这个时候就需要用砂轮去打磨它，里面的缸需要打磨，气缸的外表面也需要打磨。

砂轮的生产是十分复杂的过程，磨料加入结合剂，按照一定的比例进行混料，用模具成型，再放入烘房干燥，继而装窑烧成，之后再进行机械加工打磨，最后经过检验才能出厂。而合肥砂轮厂生产的"火炬"牌砂轮用的金刚砂，粒度、硬度、强度都有着严格的限制，在砂轮的外贴商标上都有明确的标注。"我们会根据客户的要求去生产相应规格的砂轮。我们厂生产的砂轮废品率不得超过5%，这在当时也是十分领先的水准。"

据档案记载，作为新中国第一家砂轮厂，合肥砂轮厂主要生产氧化铝砂轮、碳化锡砂轮这两种材质的砂轮。整个华东地区，尤其是上海市的一些大型工厂，基本上是使用合肥砂轮厂的砂轮。例如，上海柴油机厂、上海汽轮机厂、上海机床厂，都是在用"火炬"牌砂轮。当时，厂里的技术骨干经常坐飞机去全国各地为一些工厂做产品维护，足迹几乎遍及大半个中国。"1963年，我和当时的两位厂长一起参加了全国磨具质量评比会，当时参赛的砂轮厂全国仅有十来家，这也标志着当时我们厂的技术水平在全国遥遥领先。"吴宗智说道。

领导人来肥必视察

1958年前后，为支援钢铁工业，合肥砂轮厂开始大量生产耐火砖。当时工人都忙不过来，于是在合肥大量招工，这不但吸引了合肥本地人，连上海下乡的很多知青也慕名而来，厂里进了许多上海人。上海人工作很细心也很认真，大部分被安排在化验室、技术科。据吴宗智和胡明伟介绍，1960年至1963年，他们厂生产的双面油石（俗称磨刀石），经由上海的外贸公司全部出口到苏联等国，创造了很大的经济效益。砂轮厂迅速扩大规模，千人大厂就是在这时候出现的。

因为合肥砂轮厂是新中国成立后创建的机电部第一家定点生产磨料磨具的国有中型企业，所以在当时可是高山敲鼓——名声在外。据档案记载，1958年就有32个国家的大使来到厂里参观。同一年，国家领导人朱德到厂里视察。后来邓小平、陈毅、叶剑英、彭真、杨尚昆、聂荣臻等党和国家领导人都视察过合肥砂轮厂。"可以说，砂轮厂当时就是合肥的一个对外窗口，但凡中央来领导人，一定会去我们厂。这使得我们厂名噪一时，在合肥几乎无人不晓。"

免费的"三联校"

在吴宗智和胡明伟等合肥砂轮厂员工的记忆中，厂里职工的文艺生活也非常丰富，最经常举办的活动就是舞会。"我们厂的男员工比较多，而隔壁纺织厂的女员工多，我们经常举办舞会邀请纺织厂的女员工来玩。每个星期，隔壁纺织厂也会举办舞会，然后赠送舞票，邀请我们去玩。"而舞会的场地通常是在工厂开会的大礼堂，撤去桌椅，再撒上一点滑石粉，就变成了舞厅。

除了文艺生活，合肥砂轮厂在其他方面也有很好的保障。吴宗智和胡明伟等人现在还记得厂里设有医务室和食堂。"生病了去医务室开药看病都是不收费的，如果需要去大医院看，让医务室的医生开上条子，回来以后厂里也会给报销。食堂的饭菜十分便宜，如果不愿意吃大锅菜，也可以单独给炒菜。"当时合肥砂轮厂的四级工一个月工资48元，五级工有56元，保障一家人的生活完全没有问题。

给吴宗智和胡明伟等人留下最深刻印象的，还是当时厂里员工非常感兴趣的事——周末去"三联校"当老师，为学生们教授小学五年级的课程。20世纪五六十年代，不少工人的文化程度还不高，"三联校"就是周边几个厂联合起来办的一个学校，职工可以根据自身的文化程度选择相应的课程学习。吴宗智和胡明伟说，去"三联校"上课完全是免费的，学生上课不用交钱，老师教课也不收费，一切全凭个人兴趣。周末去"三联校"给职工们授课，也成了他们当时最大的兴趣爱好。

虽然由于多种原因，差不多自1996年以后，合肥砂轮厂就慢慢退出历史舞台了，2011年后原厂址也被一幢幢住宅高楼所取代了，但20世纪90年代初为合肥砂轮厂员工建造的职工宿舍——"砂轮新村"依旧矗立在当年的位置，熠熠生辉，提醒人们合肥砂轮厂往日的繁华与荣光。

　　　　位于原滁州路1号的合肥矿山机器厂，不仅历史悠久，它的前身是新中国成立初期建立的皖北机械总厂，而且在很长一段时间里都是声名远播的。作为专门的挖掘机生产厂家，安徽省甚至全国走在当时技术前列的各种型号的挖掘机，基本上是从这里"走"出的。

合肥矿山机器厂：较早工厂的亮丽"风景"

历史悠久声名远扬

　　要追溯合肥矿山机器厂的历史，还得从晚清时期安徽机械制造业的发展说起。

　　虽然早在湘军攻陷安庆后的1861年，曾国藩就在安庆创设了安庆内军械所，成为中国自办的第一个机械工厂，但直到1949年新中国成立前夕，安徽机械制造业的发展仍然步履蹒跚，全省只有芜湖、安庆、蚌埠、合肥等地相继开设了一些民营铁工厂。新中国成立后，安徽的机械制造业才有了一些发展，合肥矿山机器厂就是最主要的代表。

　　合肥矿山机器厂可能算是合肥工业企业中历史比较悠久的，因为它几乎和新中国的建立是同步的。

　　据《安徽省志·机械工业志》记载，安徽矿山工程机械生产始于1931年。当时的淮南煤矿局有个修理厂，主要以维修煤矿机械为主，1932年开始生产提升罐笼、人力翻车机、矿车等煤矿机械。到了1948年，小小的修理厂居然有了一项重要业绩，那就是承担了国内自行设计的具有20世纪40

1958年合肥矿山机器厂的10米龙门刨床

年代先进水平的大通煤矿三号井的井架、桥台及井底全套机械设备的制造安装任务。在此基础上，1951年6月，安徽改造和上马了两个矿山机械制造厂：一个是将淮南煤矿局的修理厂改造为蔡家岗矿山机械制造厂；另一个就是国家投资190多万元，将安庆铁工厂和合肥铁工厂合并后建成皖北机械总厂。皖北机械总厂即合肥矿山机器厂的前身。

1952年，根据新中国成立初期大力发展基础产业等方面的需要，皖北机械总厂改为安徽机械厂，主要生产矿山机械配件和小型农用机械，并且被第一机械工业部列为生产矿山机械的重点企业。1954年，安徽机械厂才正式改名为合肥矿山机器厂，厂名一直沿用多年。当时合肥矿山机器厂主要开发生产螺旋输送机、皮带输送机、斗式提升机、减速机、矿车、旋臂吊车6大系列产品。而其中最值得一提的是，当时合肥矿山机器厂在全国率先生产了仿苏Ｖ型、Ｕ型2种系列矿车，因此声名远扬。"那时正是社会主义建设高潮时期，我们厂职工人数空前增加，有将近5000人，一年完成的工业总产值就达到了2500多万元。"合肥矿山机器厂一些老工人回忆说。

专业生产成为一道风景

从20世纪60年代开始，特别是在80年代中期，说到合肥矿山机器厂，大部分合肥人都是知道的。因为合肥矿山机器厂是当时专门的挖掘机生产厂家，安徽省甚至全国走在当时技术前列的各种型号挖掘机，基本上是从这里"走"出的。

据档案记载，从1961年开始，合肥矿山机器厂就研制生产挖掘机产品了。最初是在1963年，合肥矿山机器厂与天津工程机械研究所合作，试制成功了0.6立方米轮胎式单斗机械挖掘机。到了1969年，合肥矿山机器厂更是成功生产出领先全国的轮式挖掘机，这一新产品也因此成为向国庆20周年献礼的产品。

1970年，合肥矿山机器厂开始研制生产性能更先进的全液压挖掘机。要知道，20世纪六七十年代，我国只有上海建筑机械厂、贵阳矿山机器厂、长江挖掘机厂、杭州重型机械厂等少数几家工厂开始研制液压挖掘机，合肥矿山机器厂此时"上马"，困难可想而知。据档案记载，当时厂里成立了液压挖掘机研究所，开展新产品试验研究工作，不断提高技术水平，使液压挖掘机的部件通用化水平达60%、零件通用化水平达68%，通过数年坚持不懈的努力，克服一个又一个的困难，终于在1972年试制成功了0.6立方米轮胎式液压挖掘机，同时试制成功轮胎式16吨起重挖掘机；在2年后的1974年，合肥矿山机器厂又研制成功了在全国领先的WY60型

合肥矿山机器厂生产的全液压挖掘机

0.6立方米履带式液压挖掘机。

　　在挖掘机的研发生产上，合肥矿山机器厂一直在前进。1980年，合肥矿山机器厂对WY60型液压挖掘机进行重大技术改进，由低速改为高速，由组合臂改为整体臂，又引进了德国的F16L12柴油机，使得产品的机械性能得到了明显的改善。特别让一些老工人记忆犹新的是，1983年在全国新产品展览会上，合肥矿山机器厂制造的液压挖掘机被誉为"具有国际先进水平的新产品"，获得国家颁发的"金龙奖"。

　　"当时，我们厂的产品不仅销往全国各省、自治区、直辖市，还出口到越南、朝鲜、柬埔寨、蒙古、阿尔巴尼亚、塞内加尔等国家。"合肥矿山机器厂的老职工们说。他们还时常能想起1985年发生的一件事——当时厂里与德国利勃海尔公司签订了引进A/R922液压挖掘机制造技术和生产许可证的合同，发展了1立方米以下的小型液压挖掘机，从此，合肥矿山机器厂步入了高速发展的快车道。

　　因此，对于不少当时住在合肥城东的老合肥人来说，合肥矿山机器厂可以说是回家路上的一道风景。因为合肥矿山机器厂当时不仅有气派的厂房和大门，而且最特别的是，在那几层高的厂房楼顶上居然停放着一台挖掘机，远远望去就像玩具一样，可算得上是合肥一景，而那台挖掘机则是著名的日本日立公司放上去的。这是为什么呢？原来，20世纪90年代初期，市场开始对挖掘机有较大的需求。这一时期，大量的二手挖掘机从香港等地涌了进来，原本几千美元的机子在内地卖到四五十万元人民币。国外的企业看到中国市场消费潜力巨大，也开始在中国搞合资。合肥矿山机器厂的合作企业是著名的日本日立公司，他们在合肥矿山机器厂楼顶上放台挖掘机，目的就是想起些广告效应。

孵化出多个企业

　　除了专业生产挖掘机等机械设备外，作为早期有影响的企业，合肥矿山机器厂还为合肥的机械工业做出了贡献。20世纪60年代初，合肥矿山机器厂分出去3000多人，建立了合肥起重运输机器厂；1967年，合肥矿山机器厂再次分出去812人，组建安徽省通用机械厂。特别是合肥起重运输机械厂，就是后来享誉海内外的合肥叉车厂。

　　据史料记载，1958年年初，合肥矿山机器厂在国家第一机械工业部和省政府的大力支持下，于合肥南郊的荒岗野地上又建起了一排排新厂房，新厂主要研制起重机械和冶金矿山设备产品。1960年后，当新厂初具规模时，这个厂就被正式命名为合肥起重运输机器厂。

　　合肥叉车厂的档案记载："1963年，合肥起重运输机器厂开始试制和生产小批量小吨位内燃叉车，1964年自行生产的4003 - 100E叉车等系列产品就能援助越南了。"更让大家不可思议的是，就在这一年，安徽省第一台

631型5吨叉车试制成功,可以说是当时全省工业生产的骄傲;1967年,又成功试制第一台CH叉车。虽然在当时的经济体制下,生产的产量小、品种少、周期长,产品升级换代速度也缓慢,但由合肥矿山机器厂成立的合肥起重运输机器厂却记录了合肥叉车产品的传承,成为合肥叉车创新文化的发端,为后来"合力"立足叉车主营业务奠定了丰富的产品资源基础和雄厚的技术实力。

历史的车轮继续向前。1971年,国家在对合肥起重运输机器厂进行扩建后,将其更名为合肥重型机械厂,并将铸锻、热处理等车间重新组合,开始专业生产叉车及脱水机。1983年开始启用合肥叉车厂的厂名,后在1988年3月正式成立合肥叉车总厂,并最终成立安徽叉车集团有限责任公司。据了解,安徽叉车集团有限责任公司技术中心是全国首批叉车行业较早的国家级企业技术中心,"合力"产品也被评为国家商务部"重点培育和发展的出口名牌"。这些成绩的取得,应该说是和合肥矿山机器厂有着密切联系的。

20世纪70年代航拍的合肥矿山机器厂

延(伸)阅(读) ≫≫≫　　　　　　　　　　　　　　　　　　　≫≫≫

合肥车辆制造厂：生产"大力王"美名传

　　合肥车辆制造厂位于蚌埠路。它的前身是1958年由合肥爱国铁工厂和公私合营合肥铁工厂合并而建的合肥农具研究所，主要生产机械、冶金和排灌动力设备；1959年改称合肥农业机械厂；1962年改称合肥车辆制造厂，专业生产胶轮力车。

　　20世纪60年代中期，合肥车辆制造厂主要以JL350和JL650胶轮力车为主导产品。随着技术的不断改进、企业的快速发展，合肥车辆制造厂在安徽创造了多个"领先"：1975年建成安徽省当时最大的一条马铁生产线，实现了铸造机械化；自行设计制造了轮圈电泳涂漆半自动生产线，使漆膜质量稳定可靠，工效提高一倍以上；与同行联合设计了JL800型胶轮力车硬边圈，使轮圈寿命提高2倍以上，轮胎使用寿命提高30%；实现了轮毂多头钻孔和轴档磨内孔半自动化；辐条采用三头拉丝机和组合机床生产，节约了原材料，提高了质量；1985年制成简易四轮0.5吨农用运输车和改型机动三轮，使得产品朝着多样化、系列化方向发展。

　　统计数据显示，截至20世纪80年代中期，合肥车辆制造厂固定资产原值811.75万元，净值440.9万元；拥有机械设备425台（套），其中专用设备96台；铸工、金加工、铆焊、装配、锻造、热处理、电镀、油漆、电泳涂漆等工种齐全；可年产胶轮力车60万辆、机动三轮车5000辆；工业总产值1100.3万元，实现利润100万元。

　　因此，合肥车辆制造厂成为当时的机械工业部生产胶轮力车的4个重点国有企业之一,其生产的JL650型胶轮力车被誉为"大力王",曾获1965年和1979年全国同行业评比第一名,1985年在国家力车行业质量评比中获优等品第三名。

安徽省合肥小汽车修配厂:小汽车修配行业佼佼者

安徽省合肥小汽车修配厂位于原蚌埠路259号,是1972年由合肥汽车配件厂划出几个车间成立的,厂房是原合肥市五中的礼堂、澡堂、食堂、料库等,因此从一开始就设备简陋,生产条件很差。

但即使"先天不足",安徽省合肥小汽车修配厂依然逆势而上,除自制部分汽车配件之外,主要承接吉普车、面包车、救护车、特种轻型车、轿车、小客车、货车等各种车辆的大、中、小修及三保、总成互换、总成修理业务,并先后开展了桑塔纳、伏尔加、华沙等车辆的大、中、小修业务。

有数据表明,20世纪80年代中期,安徽省合肥小汽车修配厂的年工业总产值340万元,实现利润126万元,上缴税金86.9万元。与其他一些企业相比,这组数据的确不高,但企业能够从内部的更新、改造、挖潜着手,引进、吸收国内外先进技术设备,注重市场预测,适时调整产品结构,开发新品种,为社会车辆用户提供优质服务。安徽省合肥小汽车修配厂自建厂以来先后建立了上海760、北京BJ212、沈阳130特约维修服务站;与上海大众汽车建立了桑塔纳特约维修服务站;特别是1985年从美国引进了全套先进的汽车检测设备和部分修理设备,并随之新建一条年大修能力达600台的小汽车修理生产线,因此成为20世纪八九十年代安徽省小汽车修配行业唯一独具规模、工种设备齐全的企业,为我国汽车工业的腾飞作出了贡献。

安徽电影机械厂：多种经营谋发展

　　安徽电影机械厂坐落在原来安路1号，是安徽省唯一制造和修理电影放映设备的国有企业。

　　安徽电影机械厂前身是创建于1956年的安徽电影机修配厂，1958年改为安徽电影机械厂，主要生产黄山牌16毫米电影放映机、汽油发动发电机、高压点火线圈和华东协作区放映设备的配件。后因隶属关系四次变更，产品和厂名也随之更换。

　　改革开放以后，安徽电影机械厂试制出新产品CG6－J型缩微储片柜，1983年通过部级鉴定，被列为国家定点产品批量生产。厂里在完成放映机、影片湿润箱、幻灯机和缩微储片柜等电影放映机械配件生产的同时，还发展横向经济联系，与上海煤气公司联合生产3m³/h型煤气表，与南京电子工业部门联合生产收录机芯等新产品。

1958年的安徽电影机械厂

安徽针织机械厂：多种责任制搞活经济

安徽针织机械厂位于原蚌埠路2号，隶属于合肥市纺织工业公司。

安徽针织机械厂始建于1964年7月，由合肥金星五金厂、合肥红卫橡胶厂抽人建成；1966年定名为合肥纺织机械修配厂，承担纺织机械修理任务和配件生产；1980年6月改厂名为合肥纺织器材机械厂，专业生产棉纺设备、纺织器材机械、苎麻脱胶设备；1986年与安徽通用机械厂合并，才确定厂名为安徽针织机械厂。

改革开放以后，工厂实行了厂长负责制和多种经济承包责任制，大大增强了职工的工作积极性。产品上除了主要生产纺织机械、纺织器材外，还增加了麻纺设备、非标准件生产；把普通铸件和外协件交给肥东、肥西、郊区乡镇企业，实行联营生产。这使得厂里经济效益快速发展，年产值由改革开放前的不足200万元增加到20世纪80年代末的1000万元左右，产品内销28个省、自治区、直辖市，外销美国、苏丹等国。

安徽第一纺织机械厂：一个企业两个厂名

安徽第一纺织机械厂位于原和平路东段。但令人不解的是，其大门口与安徽第一纺织机械厂厂牌同时存在的，还有另一个厂牌——安徽电梯厂。这两个看似风马牛不相及的产品，为何出现在同一企业的两个厂名中呢？

原来，20世纪60年代，为做好当时蓬勃发展的棉纺企业配套工作，1966年，安徽第一纺织印染厂在动力车间的基础上，成立了安徽纺织机械配件厂，主要生产纺织机械配件。这就是安徽第一纺织机械厂的前身。

改革开放以后，安徽纺织机械配件厂接受国家128万元投资，新建叶轮车间，专业生产高强度表面曝气机，产品受到200多家企业的好评。1981

安徽第一纺织机械厂生产的绣花织袜机

年，厂名改为安徽第一纺织机械厂，在主要生产各种型号织布机的基础上，逐步扩大生产经营范围，通过积极寻求，增加了客、货两用电梯产品。于是在1984年，安徽第一纺织机械厂增挂安徽电梯厂厂牌。

生产经营范围的扩大，带来的直接效果就是经济的迅速增长，据记载，安徽第一纺织机械厂1985年的产值和利税比1980年分别增长了214%和190%，创历史新高。产品主要包括44寸、52寸、56寸、75寸织布机和各种型号的高强度表面曝气机、电梯等，产品畅销全国，而且其中的可控硅串级调速装置、客货电梯、光电锭子振幅测定仪、75寸宽幅织布机填补了省内空白。

合肥玛钢配件厂：小众产品也风光

合肥玛钢配件厂起先位于原东郊合浦路，后搬至蚌埠路，隶属于合肥市五金工业公司。

所谓玛钢，是指可锻铸铁，也就是由一定化学成分的铁液浇注成白口坯件，再经退火而成的铸铁，有较高的强度、塑性和冲击韧度，可以部分代替碳钢。合肥玛钢配件厂主要生产玛钢脚手架扣件、玛铁水眼管道件及电力线路金具等3个系列、29个品种、89种规格的玛铁建筑五金产品，其中玛铁脚手架扣件系列产品占该厂全部产量的90%以上。

　　说起合肥玛钢配件厂的发展历程,最早可以追溯到1965年。据档案载,1965年1月,合肥市东市区和平机修厂和合肥市飞轮车辆修配生产合作社合并,成立合肥市和平机修厂,这是其前身。后来,合肥市和平机修厂改为合肥市小五金翻砂生产合作社。1968年,因电力线路金具产品试制成功,合肥市小五金翻砂生产合作社改名为合肥市线路器材社。1969年10月,随着合肥市砂轮改制生产合作社的并入,合肥市线路器材社更名为合肥市砂轮改制厂,厂址在蚌埠路306号。1971年10月10日,因水嘴、管道件产品大批量生产,合肥市砂轮改制厂又改名为合肥五金六厂,直到1982年6月才确定厂名为合肥玛钢配件厂。1984年,该厂所生产的B48-51玛钢建筑扣件获安徽省优质产品证书。

第四章

从『城市的记忆』到全国行业巨头

——记忆中的纺织印染企业

> 　　虽然安纺一厂及后来的安纺总厂早已退出历史舞台，但如今合肥东门的和平路上还保留着以它命名的公交站牌。的确，"安纺"一直都是东门乃至全合肥最具标志性意义的地方，更是无数安纺人奉献青春又牵挂一生的热土。

安纺一厂：记忆中的"里程碑"式企业

红色资本家来肥建厂

　　追根溯源，安纺一厂的建设动议缘起于1953年的全国政协会议。这次会议召开期间，在北京参加会议的著名企业家荣毅仁、郭棣活等人受到了毛主席的接见，谈到了在内地投资建厂，发展内地的纺织工业，以实际行动参与国家经济建设的事情。国家经过多方面的考虑，最终同意与荣毅仁、郭棣活等民族企业家合资在合肥建一座大型纺织厂。

　　现在我们都知道安纺一厂就在合肥东边的和平路上，但当时为了确定具体厂址可是费了一番周折。

　　"因为非常重视安纺的选址，1954年的盛夏，荣毅仁和郭棣活两位先生便不顾高温，亲自来到合肥考察，可以说是走遍了合肥的各个角落。"1935年出生的任清德是河南人，1954年进入安纺一厂，1983年担任安纺一厂副厂长，后调至安纺二厂、安徽针织厂分别任副厂长、厂长，1998年退休。据他回忆，一开始他们想把安纺一厂建在今天合肥公交公司所在的位置，但考虑到那里地势较低，一发洪水就容易被淹，于是只好向东选择厂址，最终确定建在合肥东门外2千米处，也就是今天的和平路上。从此这片土地开始了翻天覆地的变化。"先是建了安纺一厂，后来随着规模的扩大，到20世纪六七十年代时，原来相对独立的安徽第一纺织厂、第二纺织厂和安徽印染厂等合并，成立了安纺总厂。"

工人干部赴沪学习

任清德说，其实在投资人到合肥为安纺选址之前，国家就已经开始为安纺培养人才了。安徽第一纺织厂是我国第一个五年计划的建设项目，也是合肥当年建设的大型工厂之一，因此受到安徽省委高度重视。1954年安徽省内各地招收了大批年轻人作为学员，组成了培训班，并把学员们送到上海的纺织企业进行培训，好让安纺建成后有人可用。

据任清德介绍，1954年他在蚌埠读完了初中，就响应号召放弃了报考高中，而是跟其他15名同学一起参加了安纺的学员培训班。他们在上海学习了将近2年的时间，被分为技术工人和技术干部，任清德是第一批技术干部之一。

"作为技术干部学员，我们不仅要学习纺织理论和技术，还要向上海各

安纺一厂生产车间

大纺织厂的人事经理学习人事管理经验，为的就是日后担起管理安纺的重任。"任清德说，给他们做培训的老师是当时的华东纺织工学院（东华大学前身）的教授以及上海各大纺织厂的优秀工程师，在老师们的悉心教导下，他们这一批技术干部和技术工人技术水平高、业务能力强，对安纺乃至整个安徽省棉纺织工业的发展都做出了重要的贡献。

就在任清德等人在上海培训的同时，上海的申新、永安等纺织印染企业也在厂内选拔政治合格、技术过硬的熟练工人，派到合肥支持安纺的建设。当时上海纺织工人里掀起了一股"到安徽去"的风潮，一批上海纺织工人热烈响应号召，报名参加援建，踏上了到合肥建设安纺的"征程"。从此，这些上海人和任清德他们一起，在合肥扎根，在安纺奋斗。

苏联专家支援厂房建设

那时，在上海，纺织人才的培训在紧锣密鼓地进行；在合肥，安纺厂区的建设也在如火如荼地推进中。当时安纺的厂房建设要求就是今天来看也是十分严格的，为了保证厂房建设的质量和进度，国家请来了苏联的建筑专家，这些专家制定了很高的建筑标准。

"比如当时所用的沙子、石子都要事先清洗一遍，然后放在太阳下晒干，再与水泥一起过磅，按照混凝土的国际标准来进行搅拌。再比如用来盖厂房的砖块有一部分标上了号码，这么做是为了责任到人，用号码来标记每个砌墙工人负责的区域。一旦某处墙体验收没有通过，就很容易查出是谁负责的，这个工人就会被通报批评，然后还要按照标准再砌一遍，直到验收合格为止。"任清德说，因为有了制度的规范，工人们都要严格按照统一标准来施工，不敢有丝毫马虎。

安纺的建设受到省里和国家的高度重视。但20世纪50年代的合肥可以说是一穷二白，靠自己的力量很难建设安纺。考虑到合肥的实际情况和安纺建设的必要性，国家给予了一系列支持和帮助：在大别山区建起了大型水库，以保证安纺的建设和生产用电供应；在合肥的东门外紧邻安纺厂址的地方，修建了宽敞的马路直通安纺；又铺设了合肥第一条铁路专用线，方便生产原料和产品的流通；建设厂房需要大量的钢材，比如螺纹钢，但是当时国内钢材生产的质量数量都还不高，没有所需的那种规格螺纹钢，最后还是国家专门从国外进口这种钢材才满足需求的。

有了苏联专家的技术指导、工人们日日夜夜的施工以及国家的大力支持，不到一年时间，这座大型纺织厂终于建立起来了。不久之后，上海援建工人和安徽本地的工人们一起，进驻了这座崭新的厂房。1956年11月5日，安纺一厂开始试生产。1957年6月5日，这座安徽当时最大的纺织企业正式全面投产。

统计数据显示，安纺一厂自从1956年开始部分投产，到1985年年底已经创造出了高达11.7033亿元的总产值，生产出棉纱129.9万件、棉布12.055亿米，创造了3.3366亿元的利税，相当于建厂投产时固定资产原值的21倍。许多产品远销欧、美各国及东南亚多个国家……数字虽然枯燥，但足以说明安纺一厂当时在合肥的"老大"位置。

技术"比武"激发工人积极性

安纺一厂在投产的第二年就开始赢利了，这些利润用作了安纺二厂的建设资金。在20世纪90年代中期以前，安纺每年都向国家缴纳2000多万元的利税，而且一直是合肥市利税大户前10名，为合肥市的社会经济发展作出了突出的贡献。

在任清德的印象中，安纺之所以能取得巨大的经济效益，一方面，是由于先进的机械设备；另一方面，是归功于安纺人的勤奋积极。"那时，我们厂不像新中国成立前的纺织厂那样从外国购买纺织机器，而是全部采用我国自主生产的设备。那是新中国成立后国内的第一批纺织机械，质量过硬，后

安纺一厂生产的产品

来还出口到缅甸等国家。"机器质量好，还得有会操作机器的工人，建厂之初那批被选派到上海学习的技术工人和技术干部，因为接受过系统专业的训练，能力都非常强。

长期以来，厂里都很重视员工的技能培训，培养了一大批优秀的技术工人。厂里经常举行技术"练兵"，每年至少举办一次。每到那时，全厂各个工种的工人都会踊跃参加，竞争可谓非常激烈。发展到后来，还有省内其他工厂的工人来挑战和交流。比赛结束后，那些成绩优秀的工人就拿着当时很流行的大红花和奖状照相，照片出来后还要贴到厂里的光荣墙上。这些技术比拼在当时很能激发出工人们生产和学习的积极性。

那个时候，工人们的工作热情普遍高涨，有的工人甚至长期住在车间里。不论是普通工人、工程师，还是领导干部，都铆足了劲进行生产，上班工作，下班也工作。很多人都把被子搬到了车间里，累了困了就睡在车间里，醒了以后接着工作，几乎没有"休息"的概念。这样加班加点地工作，并没有额外的工资或者奖励，但那个时候，工人们更在乎的是生产。虽然以现在的观点去看，这种做法是不可取的，但在当时也确实为提高产量和质量作出了重要贡献。

　　不到20岁的宣国英、韩翠英就是在这时成为厂里第一代挡车工的，石宝珍则是由上海调来支援新厂的。她们三个人都分配在细纱车间里，三班运转，互相竞赛。当时，我国纺织工业领域正在大力推广"郝建秀细纱工作法"，三位纺织姑娘虚心学习，不久就都被评为全厂第一批"郝建秀细纱工作法"先进生产者，又都担任了生产组长。1957年，三姐妹的名字同时登上厂里的光荣榜。她们更争着挑起了更重的担子，哪台车子难挡，哪儿就会出现她们的身影，全车间124台新的细纱机，她们全都挡过。

　　1959年，韩翠英、宣国英先后光荣地加入了中国共产党。在上海已经入

互学技艺的安纺一厂工人

党的石宝珍向她们俩祝贺，表现出由衷的喜悦。1961年，三姐妹同时被评为合肥市工业劳动模范。以后，她们又多次去北京出席全国性的英雄模范代表会议，受到中央领导同志的亲切接见。无论谁从北京回来，都激动地向其他俩姐妹传达党的指示和中央负责同志的叮咛。

特别是宣国英，作为革命烈士的女儿，她从小生就刚强的性格。考进安纺后，领导派她去上海学验布，但她主动提出去学习更艰苦的挡车技术，学习回厂后是全厂有名的驾驭"铁马"的能手，每分钟接头最高达25根。1959年，她去青岛国棉六厂出席全国纺织工业先进技术交流会，向郝建秀小组学习了不少先进经验，回厂后，当年提前2个月完成生产计划，1960年受到团中央的嘉奖。她和韩翠英及另一名细纱女工所采用的平挑接头法，曾被厂里总结为细纱"三英"接头法，推广后消灭了白点，大大提高了棉纱质量。1964年，她出席了共青团第九次全国代表大会。

像她们一样，安纺人勤奋工作、积极创新的传统一直得以延续。1984年、1985年，厂里开发了30个新产品，获得多个省级优秀设计奖。其中有一件产品非常特别，那就是横贡缎。这种布虽然是棉质的，却像丝织品那样光滑。厂里组织工程师、技术工人改造了技术和设备，使得织出来的布结构更为紧密，经纬交织点较少，布面大部分由纬纱覆盖，所以质地柔软，而且富有光泽。这种布非常适合做服装、被面等，在全国十分畅销。

国家领导人"秘密"视察

安纺一厂从计划建设到生产运营，每一个阶段都受到了国家的密切关注。安纺一厂筹备处处长康文秀便是由中央政府直接任命的，1956年安纺一厂建成后，康文秀又被任命为厂长。康厂长工作十分严谨，一丝不苟。起初他对纺织不甚了解，为了当好这个厂长，他按照工艺流程，每道工序都认认真真地学习了一周，最后终于把生产的各个环节都弄清楚搞明白了，还把厂管理得井井有条。

安纺当时在安徽省乃至全国都颇有名气，国家领导人但凡来合肥视察，都必然要到安纺来看看。毛泽东、刘少奇、朱德等多位领导人都来安纺视察参观过，这让安纺人很是骄傲。有时领导人的视察工作还是"秘密"进行的，不会对外公布，领导人都到了厂里，普通工人甚至中层干部都还不知情，等到视察结束以后，他们才听说有某位领导人来安纺了。

任清德说他自己虽然不曾接待或者陪同国家领导人视察安纺，但是杨振宁先生来参观的时候是由他全程陪同的。20世纪70年代中美关系缓和后，作为合肥人的杨振宁多次回到家乡，有一次就来到了安纺参观。"当时我负责陪同杨先生参观，我还记得那天他穿了一件天蓝色的上衣，心情特别好，拿着一架照相机在厂里到处走到处拍照。"

除了为省里和国家创造出巨大的财富之外，安纺还经常为省内外的各纺织企业代为培养人才，也向它们输送了大批的优秀技术工人、工程师和管理干部，帮助这些企业更好地发展。除此之外，安纺还会定期选派技术干部和工人远赴一些发展中国家进行援建，比如伊拉克和布隆迪。任清德说他就曾经带过一支队伍去伊拉克，代表我们国家为第三世界国家的经济建设做贡献。

更重要的是，安纺的建成投产，吸引了四面八方的人，特别是大量来自上海的人，他们带来了生活新气象、新观念。据安纺老职工胡晓良回忆，原来的合肥市相对闭塞，人们的生活观念和生活方式都相对传统，上海人来此生活工作，使合肥的社会生活发生了巨大变化，特别在穿着和饮食上，让合肥人学到了许多从未有过的经验。

胡晓良说，这里的第一代建设者是20世纪50年代从上海来内地支援的老师傅、老工人，70年代中期，又有大批的上海下放知青来到这里，如今这里已有了他们的第二代、第三代，并且形成了一个富有特色的地区。这里的上海人教会了他们吃螺蛳、吃毛蟹、吃甲鱼，更率先穿着风格各异的花衣

20世纪80年代的安纺一厂

裳。当年的安纺人几乎成了合肥时尚的引领者,成就了那个时代这个地区的响亮名声。安纺作为上海人最集中的地方,许多上海话已经渗透到当地的方言之中。

时代变革不息,现在那个推动安徽省纺织工业从无到有、从弱到强的安纺虽然已经退出了历史舞台,但如今的和平路上仍然保留着安纺的老厂房,它成为一个时代的缩影和一段历史的见证,抚慰着无数老安纺人的心。"东门有个安纺厂。"应该说,老合肥人没有不知道安纺的,有人更是以"安纺——一个城市的记忆"来形象地说明安纺在合肥人心目中的位置,以及它为合肥城市发展乃至安徽经济建设所做出的贡献。

年上缴利税约占全市上缴国家财政的1/8；生产能力位居全国第十、本省第一；敢于"第一个吃螃蟹"和外国首次签订劳务输出合同……"散花人间"，是安徽印染厂举行建厂30周年庆祝活动时，省著名艺术家田原先生题赠的匾额。这4个字不正好恰如其分地概括了安徽印染厂为国家、为社会作出的贡献吗？

安徽印染厂：让"庐阳花布"走进人民大会堂

"一波三折"内迁来肥

20世纪五六十年代至90年代末，合肥东门一带是工业区，这里工厂鳞次栉比，厂房高低错落。这些厂房中，不少人应该还有印象，在和平路的东头，一座新型漂染大楼凌空直下，展翅的雄鹰雕塑与立体的圆形喷泉相映生辉，显得刚劲、优美、和谐；厂区西面，新建的综合大楼和职工之家楼两相对应；如果进入车间，还能发现机器轰鸣、五彩缤纷的印染布如彩带穿梭于滚筒之间。这就是新颖、气派的安徽印染厂。

从《合肥文史资料：上海内迁企业专辑》一书收录的原安徽印染厂档案科干部姚兆民的回忆文章中，我们看到，安徽印染厂的前身是上海美光染织厂。这座始建于1938年的私营小型染织厂，新中国成立后实行了公私合营，1956年9月内迁合肥。

而说起上海美光染织厂内迁合肥组建安徽印染厂，还有一段曲折经历呢。一开始上海美光染织厂打算迁到芜湖，与芜湖纺织厂配套；后来有关部

安徽印染厂厂币

门又决定改迁蚌埠，蚌埠市委还委派代表到上海负责内迁工作，并于1955年成立了蚌埠印染厂筹建处。但就在这时，安徽省委又决定将上海美光染织厂改迁到合肥，与安纺一厂配套建设成合肥印染厂。

　　为什么这样"一波三折"呢？姚兆民在文章中回忆说，这是当时从安徽工业全盘发展的角度考虑的。合肥市地处江淮之间，位于安徽中部，是安徽省省会，交通运输便利。安徽主要产棉区分布于沿江一带，合肥比较接近原料产地，便于生产发展，于是上海美光染织厂迁到了合肥。一年后，合肥印染厂竣工投产。

　　虽然合肥印染厂早在1956年9月16日开始试车生产，开创了安徽首次机器染色布的历史，并在此基础上，利用手工印花技术，生产出套色花布，开创了安徽自产印花布的时代，但它的"身份"在不断变化中：在1956年12月13日的开工典礼上，有关方面宣布合肥印染厂与安纺一厂正式合并，定名为公私合营安徽第一棉纺织印染厂筹备处。合肥印染厂为印染工场，行政上隶属于安纺一厂。到了1966年，印染工场又改名为安徽印染厂，隶属于安纺总厂。

创新开发"庐阳花布"

数字是枯燥的，但往往也是最能说明问题的。自建厂后，安徽印染厂在合肥市工业企业中一直处于重要地位，年上缴利税达1000万元以上，约占全市上缴国家财政的1/8；到了20世纪80年代，安徽印染厂生产能力达1亿米以上，位于全国第十位、全省第一位；更有数据表明，1956年至1990年，安徽印染厂共上缴国家利税54609.28万元，而用这笔资金可新建同等规模的印染厂约12个，有力地支援了国家的经济建设……不可否认，安徽印染厂的建立，很大程度上满足了城乡居民最基本的物质生活需要。

当然，安徽印染厂在满足国内市场需求的同时，还加强产品出口工作。其自1977年10月首次接受试印出口印花布的生产任务后就"一发不可收"，至20世纪80年代中期，外销布产量达到541万米，产品远销世界上20多个国家和地区，不仅扩大了安徽产品在国外市场上的影响，而且增强了国家外贸出口创汇的能力。

"庐阳花布"展示间

　　而在这当中，最让合肥人自豪和记忆深刻的还是1985年安徽印染厂开发的新产品——"庐阳花布"在国内纺织品市场上引起轰动。这种产品是采用安徽民间美术传统工艺"挑花艺术"开发的民间美术印染新产品。据姚兆民等不少老职工回忆，当时的开发工作得到省市领导的大力支持。不仅省长王郁昭、主管文化工作的副省长王厚宏都做了批示，市长张大为还亲临安徽印染厂了解情况，排忧解难。经过半年时间的努力，"庐阳花布"开发成功并获得"新产品开发奖"。

　　"可不要小看了这个开发的新产品，在当时为国民经济的发展和人民群众的生活，可是起了很大的作用。"的确，"庐阳花布"既可制作服装，又可用于室内装饰，较好地拓宽了市场渠道，因此受到消费者的广泛好评。姚兆民在回忆文章中说，"庐阳花布"在北京展销期间就供不应求，中外消费者争相购买，人民大会堂还指定采用"庐阳花布"装饰安徽厅和台湾厅。现在，"庐阳花布"已成为合肥的一项非遗项目。

"散花人间"美名扬

　　作为行业中的"老大"，安徽印染厂还以其特有的技术和人才优势，辐射全省印染工业，带动中小型印染厂不断发展，为全省印染工业的发展作出了贡献。

　　据姚兆民等不少老职工回忆，20世纪70年代末至80年代初，安徽印染厂先后向淮北印染厂、阜阳印染厂等兄弟企业输送了一批优秀印染技术人员，使得这些印染厂发展成为全省举足轻重的印染企业；20世纪80年代，国外先进的圆网印花技术刚被安徽印染厂引进后，省内安庆、芜湖、淮北等市的印染厂也纷纷效仿，先后申请引进投产；70年代末，还利用最早引进的先进印花配套项目照相雕刻技术，帮助合肥手帕厂、合肥被单厂等企业解决不少生产难题……

　　不仅如此，在帮助发展中国家发展民族工业方面，安徽印染厂也无私地

当时闻名全国的印染污水处理站

给予了极大援助。例如，在20世纪70年代，安徽印染厂就帮助非洲国家布隆迪建立布琼布拉联合纺织厂，在1980年5月31日将该厂移交给布方政府；安徽印染厂还参与了移交后每年进行一次的技术合作项目，自1981年以来，每年约有十来人派赴布隆迪参加援助工作。1985年在非洲召开的25国经济参赞会议上，唯一作介绍的就是安徽印染厂参与的、中国援建的布琼布拉联合纺织厂。

在援外工作的同时，安徽印染厂还敢于做"第一个吃螃蟹的人"，在1984年5月首次签订了劳务出口伊拉克的合同，并连续几批派出多名劳务人员。在伊拉克工作期间，安徽印染厂劳务人员受到外方企业经理的高度评价，称赞他们"个个称职"。

"散花人间"，是安徽印染厂举行建厂30周年庆祝活动时，省著名艺术家田原先生题赠的匾额。这4个字，不正好恰如其分地概括了安徽印染厂为国家、为社会作出的贡献吗？

　　位于铜陵路和大通路交叉处的安徽针织厂，前身是上海振丰棉织厂，1954年内迁合肥；1956年12月，上海的同庆、勤丰两个袜厂内迁合肥后也并入该厂。应该说，安徽针织厂不仅"来头不小"，而且曾是国内五大针织、棉纺联合企业之一，经济效益和社会效应都是不小的。

安徽针织厂：全国"五巨头"之一

"来头不小"的企业

　　安徽针织厂的前身是上海振丰棉织厂，1954年该厂公私合营后内迁合肥，改名为公私合营合肥针织厂；1956年12月，上海的同庆、勤丰两个袜厂内迁合肥后并入该厂；1966年5月，其划归安纺总厂，改为安徽针织厂，10月，由公私合营改为全民所有制企业。

　　上海振丰棉织厂在我国针织行业中历史比较悠久，是我国首家生产卫生衫裤和汗衫背心的针织内衣厂。据曾任安徽针织厂办公室主任的童荣富在回忆文章中介绍，上海振丰棉织厂建厂发起人王莲舫原在宁波开百货店和袜厂，1919年去日本经商时，在日本购买针织机器，后来聘请技师，又联络4个人合伙筹建了上海振丰棉织厂。1920年投产时，上海振丰棉织厂就日产卫生衫裤和汗衫背心1200件之多。

　　如此的"来头不小"，上海振丰棉织厂内迁合肥建成安徽针织厂后发展迅速也就不奇怪了。一组截至1990年的数据显示，其累计生产针织内衣21709万件、棉纱61842吨、化纤面料305吨，资产总值65657万元，上缴

15653万元。因此，20世纪八九十年代，安徽针织厂成为国内五大针织、棉纺联合企业之一。

"群星闪耀"美名传

"来头不小"、全国"五巨头"之一……应该说，安徽针织厂的这些"标签"不是徒有虚名的，从企业中走出多名全国、省、市先进人物代表就能看出来，可谓"群星闪耀，卓尔不凡"。

1956年，安徽针织厂首次生产出口特白棉毛衫，但生产过程中碰到了一个难题：袖口螺纹白度不一致，配不上大身。此时，染整车间主任诸金水与

1955年，安徽针织厂前身合肥针织厂参加展览会

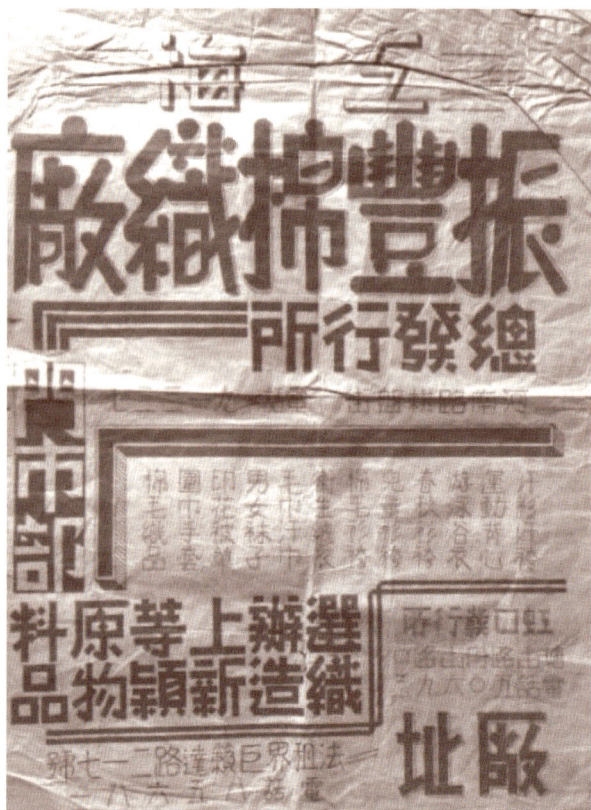

上海振丰棉织厂广告包装纸

工人一起研究，反复试验，摸索出一套最佳工艺操作方法，最终保证了出口产品质量。1958年，随着生产发展，染出来的坯布不能及时烘出来，影响全厂任务的完成。诸金水和同事在天津针织厂学习回来后，与工人共同研究、试验，历时2个月，终于解决了这个难题。此举不仅解决了烘布跟不上的关键问题，而且提高工效160%。同年，他还带领工人通过技术革新实现了漂白连续化，将漂白13道工序组成一条龙，提高工效3倍……诸金水因此先后5次出席省、市先进生产（工作）者代表大会，特别是1956年还出席了全国纺织工业先进生产（工作）者代表大会，受到了毛主席等党和国家领导人的接见。

染整车间副主任汤春富同样是位"创新能手",他不仅解决了坯布轧光阴阳面和绒布拉毛起块、露底等3个质量关键问题,而且试验成功拉毛自动翻布、轧光自动边翻边轧等10多项较大的技术革新,既减轻了工人的劳动强度,又为国家创造财富4万余元。汤春富6次出席省、市先进生产(工作)者代表大会,1959年还以特邀代表身份出席全国群英会。

巾帼不让须眉。据档案记载,成衣车间副主任陈金宝系一名女工,擅长镶襟、滚领。在工作中,她热情传艺,手把手传授技术要领,经她培养的新工人达323名之多,而且后来都成为生产上的骨干。陈金宝因此7次出席省、市先进生产(工作)者代表大会,1957年还出席了全国妇女代表大会。

在安徽针织厂,像这样的"明星人物"还有不少。难怪有人说,安徽针织厂能够如此"名声在外",与当年职工的努力和贡献是分不开的。

产品送礼成为"赶时髦"的事

"红星"牌各式男女卫生衫裤、"吉字"牌棉毛衫裤、"双猴"牌汗衫背心、"灵芝"牌精漂汗衫背心、"黄山"牌腈纶衫裤……安徽针织厂的这些产品,应该还留在不少合肥人的记忆中。

童荣富在回忆文章中还说到,安徽针织厂开发的汗衫背心系列、棉毛衫系列、T恤衫系列、运动衫系列、童装系列和印花系列等新产品,结构、款式、花型和色泽都别具一格,穿着舒适,耐穿耐用,很受消费者欢迎;特别是有些中高档新产品,采用彩色塑料袋和透明塑料盒包装,可作礼物赠送之用。有不少老合肥人说,在当时用安徽针织厂的产品送礼,可是件"赶时髦"的事。

不仅如此,作为全国"五巨头"之一的安徽针织厂,为安徽经济建设的发展还作出了重大贡献。这表现在几个方面:一是填补了安徽针织内衣工业的空白。要知道，1954年以前安徽省没有针织内衣工业，全省人民需求的针织内衣，全靠商业部门到省外订购，往往是"一衣难求"。二是促进了安徽省针织工业的发展。安徽针织厂发挥了"种子"厂作用，积极为全省地市、县针织厂培训技术力量1000余人。由此，安徽针织工业从无到有、由少到多，迅速发展起来。到1989年，全省针织企业已发展到66家，全年共完成总产值3.42亿元，实现利税4953万元。三是为国家积累了建设资金。据计算，到1990年时，安徽针织厂65657万元的资产总值和15653万元的利税，按1990年固定资产原值可建现有规模的针织棉纺联合企业7个。

　　据档案记载，安徽针织厂曾多次被评为全国和省、市先进单位，1959年荣获全国群英会先进集体奖旗。李先念、聂荣臻、董必武、郝建秀、张劲夫、吴文英等领导曾先后到该厂视察，原纺织工业部部长吴文英还曾挥毫题词："寄希望于安针"，安徽针织厂的重要性可见一斑。

深受老百姓喜欢的安徽针织厂产品

合肥毛巾厂：公开招聘厂长开华东"先河"

　　合肥毛巾厂位于原蚌埠路42号。它的前身是合肥安全弹花生产合作社的毛巾车间。1967年7月1日，毛巾车间正式划出成立合肥毛巾厂。

　　改革开放后的1980年，合肥毛巾厂产值达400万元。到了1985年左右，其主要生产毛巾、浴巾、枕巾、提花毛巾被、绣绒床罩等，可年产毛巾400万条、毛巾被28万条，年工业总产值619.9万元，利税总额102.2万元。此后，花色品种每年都有翻新，其中"黄山风光"毛巾被、绣绒绣花床罩投放市场后深受消费者欢迎，"黄山风光"毛巾被还荣获部优、省优称号。

合肥毛巾厂的产品

　　而对于合肥毛巾厂，留在一些老合肥人记忆中的，还是1986年年末，华东地区第一个资产经营责任制在该厂试点——公开招标厂长。中标者经公证生效后为厂长，任期为3年。通俗一点说，就是公开招聘厂长，实行厂长任期目标责任制，并且把厂长任期内最终实现的奋斗目标和年度目标，同厂长的责、权、利结合起来。

　　要知道，这一试点可是继沈阳、重庆、武汉之后的第四个，在华东地区更是"第一个吃螃蟹者"。据档案记载，经过几个月的报名、审查等过程，1986年12月12日，招聘委员会对20多名投标者进行笔试，有六七人初选合格；12月20日、21日，由考评委员会主持进行了答辩，最后根据投标者笔试、答辩和投标书等综合情况，由招聘委员会、考评委员会委员采取无记名投票方式选出了厂长。

　　既然是公开招聘，当然得立"军令状"。当时的"军令状"就是：合肥毛巾厂承包经营期为3年，实现利税580万元，平均年递增20.4%。那么，效果如何呢？数据是最好的说明。公开招聘厂长后，合肥毛巾厂通过1987年春季试行，与1986年同期相比产值增长46%、利润增长150%；1988年完成产值1500万元；1990年产值达到2000万元。

　　更为重要的是，在合肥毛巾厂试点成功的基础上，厂长任期目标责任制的做法在全市许多企业推广实行。而这种资产经营责任制的实行，实现了所有权和经营权的适当分离，造就了企业家队伍，使得企业真正成为独立自主、自负盈亏、行为合理的商品生产者和经营者，加快了合肥工业经济的发展。

合肥棉纺织厂：产品填补空白

　　合肥棉纺织厂又名合肥第一毛纺织厂，厂址在原蚌埠路9号。

　　合肥棉纺织厂前身是合肥棉织厂的棉纺车间，当时有5000枚纱锭。

合肥被单厂的产品

1967年，棉纺车间划出成立合肥棉纺厂；1974年，合肥棉纺厂试纺棉维混纺纱成功，从而结束9年副牌纱生产史；1982年，因新建附属知青织布厂，合肥棉纺厂改称合肥棉纺织厂；1984年，因引进多项新设备、新技术，该厂一下子能生产纯棉、色纺维纶纱、中长纱、腈纶针织绒等6个品种。

1985年，合肥棉纺织厂开始筹建粗毛纺车间，第二年9月，480锭粗毛纺正式投产，填补了合肥毛纺业的一项空白。同年11月，合肥棉纺织厂增挂合肥第一毛纺织厂厂牌。而在1985年时，该厂固定资产原值就达到了136.3万元，拥有9000枚纱线锭、18台新型自捻纺纱机，年产18号、28号棉维混纺纱（线）900吨，年产值可达430万元，实现利税56.2万元。

合肥被单厂：国际市场开拓者

　　合肥被单厂是安徽省国营中型企业，厂址在原蚌埠路58号。早在1985年，该厂职工就有近900名，拥有床单织机114台，固定资产原值为2867万元。1985年，该厂生产被单84.97万床，工业总产值510.3万元，实现利税81.7万元。

　　说起合肥被单厂的创办，还有一段故事呢。1957年11月，几位退伍、复员军人在蚌埠路五里井兴办光荣织毯厂，以安徽针织厂、安纺一厂、安纺二厂的下脚花为原料，用手摇纺车生产。在1960年以前，该厂主要生产棉毯、童毯、仿毛毯、提花线毯等。1969年，因定向生产被单，所以有了合肥被单厂这个厂名。

　　党的十一届三中全会以后，合肥被单厂加强质量管理，改造原有设备，开发新产品，几乎每年的产值、利税都创历史新高。产品中的四尺半浅色提花线毯、五尺方格被单、四尺半梅兰竹菊提花线毯等，先后被评为省优质产品。到1990年左右，可年产200万条中西式被单，创利600多万元。产品在国内畅销的同时，该厂还积极开拓国际市场，1985年出口被单达34万条，而到1990年前后，创汇约500万美元。

合肥染织厂：为数不多的百万利税厂家

　　合肥染织厂位于原当涂路1号，是当时合肥市唯一生产色织布的全民所有制中型企业。

　　合肥染织厂前身是20世纪50年代初由21个手工业者联合组织的合肥丝棉线生产社；1956年改名为长江制线社，生产线、带等5个品种；1958年改称国营长江制线社；1964年桐城公私合营五丰线厂迁肥并入；1966年，改名合肥染织厂。

　　说起合肥染织厂，在20世纪80年代的合肥"名气"也不小：在1986年之前它被人所知，是由于纺织品调价等原因造成连年亏损。1986年，在各方的努力下，全年完成工业总产值1374.7万元，缴税136.3万元，成为当时合肥为数不多的百万元缴税厂家之一，由"丑小鸭"变成"白天鹅"，因而广为人知。

　　这个时候，合肥染织厂的主要产品有色织布、各种民用线、染色布、化纤布和各色毛线等，年产色织布187.06万米、染色布307.15万米、涤纶圈线227.36万只、纸纱团396.42万只、宝塔线31.3万只……1986年，不仅交并仿毛花呢获合肥市优秀产品奖、帕丽绒在全国色织产品会上荣获三等奖，拉绒布还破天荒地出口创汇15.4万元。到了1990年，产值则达到5000万元，利税达500万元，实现了"双五"。

第五章

多个『第一』书写传奇
——记忆中的电子电器企业

> 　　说起"黄山"牌电视机，不少合肥人都倍感亲切，也倍感骄傲。因为这，合肥与青岛、顺德并称为国内的"家电三极"，为这座城市挣足了面子。而作为"黄山"牌电视机的主要生产厂，位于原东市区繁昌路的合肥无线电二厂，当年也经历了火热的风云岁月。

合肥无线电二厂："家电三极"的创造者

曾为人民大会堂锻制巨幅铁画

　　和当年大部分企业一样，合肥无线电二厂的前身安徽省综合艺术模型厂是由上海内迁。但安徽省综合艺术模型厂和周边那些内迁的诸如针织厂、印染厂、皮鞋厂等还是有些区别的，那些厂基本上是上海民族资本家响应党的号召内迁的，而模型厂最初却是安徽在上海开办的工厂。

　　这是为什么呢？原来，1950年，政务院召开第一次治淮会议，颁布了《关于治理淮河的决定》，沿淮省份投入了大量的人力、物力进行淮河治理。1953年，安徽省治理淮河委员会在上海筹建治淮模型厂，准备做治淮水利模型去德国莱比锡博览会参展。参展回来后有关领导觉得以后可能还要做，就把单位留了下来，设计和制造各种模型展品。

　　1930年生于江苏太仓的陈文富，1952年就进入了治淮模型厂工作，1956年随厂内迁至合肥，直至退休，因此对合肥无线电二厂的历史非常清楚。

　　据陈文富回忆，1955年，上海支援内地建设的政策出台，这个从安徽"走出去"的厂也面临着内迁合肥，加上前期去合肥考察的同事回来说合肥挺好的，于是，大家都拖家带口跟着来到了合肥。当时东门繁昌路102号有

合肥无线电二厂生产的 17 寸黑白电视机

个合肥木器厂，模型厂从上海迁来后和合肥木器厂合并，改名叫安徽省综合艺术模型厂。到了 1956 年，合肥木器厂又单独划出。

安徽省综合艺术模型厂建立后，就着手为当时的治黄（河）、治淮（河）和淠史杭水利工程设计、制造各种工艺模型。主要有沙盘模型、机械模型、电动模型三大类，其中"黄河根治与开发示意图""都江堰""引黄济卫"三只大型电光模型还于 1956 年、1957 年先后送往苏联、朝鲜、捷克、匈牙利、德国、越南、挪威、日本、英国、法国等国家展出，为国家争得了荣誉。但其中最让安徽省综合艺术模型厂人自豪的还是 1959 年为人民大会堂锻制了巨幅芜湖铁画《迎客松》。

1959 年 9 月，随着被列为新中国十大建筑之首的人民大会堂落成，一批极富地方特色又代表中国最高水平的工艺美术品，开始纷纷从全国各地送往人民大会堂，以陈列和装饰各代表厅。而在人民大会堂招待厅的门外，屹立着一幅巨型铁画，画中的迎客松枝干弯曲，酷似张开手臂在迎接远道而来的客人。这幅作品就是安徽选送的芜湖铁画《迎客松》。当年，这幅铁画就是在安徽省综合艺术模型厂锻制的。

1959年，当著名新安派画家王石岑和铁画艺人储炎庆几易其稿，终于在竖2.5米、横4.5米的巨幅宣纸上创作完成画稿《迎客松》后，他们就带着一些人，将制作车间搬到安徽省综合艺术模型厂，和厂里的工人们一起，按照画稿潜心进行锻制。我们知道，这才是铁画完成的最重要环节。而像《迎客松》这样的大型铁画，需要集体的力量才能顺利完成，不仅要求几十位创作者各自分好工，而且要团结协作、风格统一，特别是在连接主枝干的时候，将刚刚从炉里烧红的枝干趁热合在一起，持续的时间只有几秒钟，需要多人配合，步调一致，稍有延误便前功尽弃。

在锻制过程中，还真发生了一起意外事故。在一次非常重要的连接过程中，为了确保接火到位，储炎庆的大弟子杨光辉俯身靠近想看得清楚些，结果一不小心出了意外：当时正好有3个炉子同时在接火，一时间火花飞溅，溅到了杨光辉的一只眼睛里，顿时鲜血直流。医生经过奋力挽救，他的视力最终也只恢复到0.1。

这个意外，让几个月来的辛苦和努力功亏一篑。但储炎庆和工人们没有气馁，在经历了短暂的失落之后重新甩开了大锤，一样的认真、一样的协作……2个月后，一幅耗铁200公斤的巨作终于创作完成。整个画面谋篇布局虚实相映：铁松的树干和树枝苍老如龙，锤迹凹凸起伏，两万根松针磊落层叠，远山和巨石虚灵飞白，云烟空阔。

《迎客松》在安徽省综合艺术模型厂制作完成后，被送到了人民大会堂安徽厅。周恩来总理一眼就看中了这幅《迎客松》，并指示工作人员将其重新安置于接待厅，让它作为中国人民友好、好客的象征，广迎五洲宾客，广结四海朋友。从此，这幅铁打的《迎客松》就屹立在接待厅的门外，见证着中国同世界各国的交流和友谊。

无线电二厂的风云岁月

20世纪50年代，安徽电子工业在发展广播事业中开始起步，安徽省委和省政府发出"大力发展广播宣传网，安徽要自己解决广播收听工具——收音机"的指示。1957年，安徽省综合艺术模型厂组织工程技术人员开展收音机研制工作，到了7月份，试制出安徽省第一批3台电子管收音机样机。时任安徽省委书记曾希圣同志接到喜报十分高兴，亲自命名为"黄山"牌收音机。

"1970年，当时已改名为合肥模型厂的安徽省综合艺术模型厂和一些元件厂合并改名为合肥无线电二厂，隶属于合肥电子化工局管辖。而就在这时，电子工业部要求我们生产磁盘机，让我们去贵州凯里的一个三线厂学习技术。于是，我们几个技工辗转几天几夜才赶到这个藏在大山

合肥无线电二厂生产的安徽省第一台彩色电视机

里的军工厂。"陈文富回忆说,"不过由于多种原因,我们回来后试制并未成功。"

虽然试制磁盘机失败了,但另一个车间却传来了好消息。1970年4月24日,太空里第一次响起了《东方红》乐曲,我国第一颗人造地球卫星"东方红一号"上天了,成为继苏、美、法、日之后世界上第五个用自制火箭发射国产卫星的国家,而"东方红一号"上就有合肥无线电二厂生产的零部件。"不过这在当时可是高度的国家机密,全厂没几个人知道的。"

通过去四川绵阳和上海的学习,1974年,合肥无线电二厂自主研发出合肥第一台晶体管电视机,一开始生产9英寸的、12英寸的黑白电视机,后来有了彩色电视机。1985年4月12日,安徽省第一条彩色电视机生产线就是在合肥无线电二厂建成投产的,牌子仍然使用"黄山"老牌子。党的十一届三中全会召开以后,中国进入了改革开放的快车道,合肥无线电二厂瞄准时机,率先引进了日本夏普的黑白电视机散装件,经过组装后投放市场,厂里的业务达到巅峰。

"当时的社会平均工资只有几十元,而一台彩色电视机需要几千元,是一个职工好几年的积蓄。即使这样产品还是供不应求,一度卖到脱销。1980年左右厂子红得发紫,很多人都必须找关系拿票开后门,才能购买合肥无线电二厂生产的黄山电视机。"陈文富还回忆起厂里一位上海同事的故事:当时连上海的亲戚也来合肥"走后门"买"黄山"牌电视机,但一下来了两个亲戚,结果只搞到一张票,因此还得罪了其中的一位,弄得好不尴尬。"紧俏时期,合肥无线电二厂工人可吃香了,我们厂最多时有近2000名工人。"

1987年,合肥无线电二厂步入顶峰,销售收入3.4亿元,纯利润达4000多万元。这个数字在今天只是中小企业的规模,但在当时却是惊人的数字。在当年的全国企业500强中,合肥无线电二厂排到260多位,是合肥市五大盈利企业和四大高产值企业之一。同时"黄山"电视机成为国家十大电视机品牌之一，被评为省优、部优产品和国家银奖产品。在合肥无线电二厂的带动下，合肥家电业盛极一时，与青岛和顺德一起，并称为国内"家电三极"。

带来大都市的文化

20世纪50年代末至60年代初，可以说是后来的合肥无线电二厂第一个辉煌时期，招工时不仅有本地人，上海人也会介绍自己亲戚过来，一时厂里人才济济，电工、木工、漆工、沙盘工、铸造工、板钳工……其不仅自身工艺比较齐全、经济实力有所增强，而且"不断输血"，先是利用优势筹建了合肥仪表厂和合肥轴承厂，后又建立了合肥无线电一厂，1966年又组建了合肥精密铸造厂……短短几年时间就由一个厂发展为五六个厂，而且这些厂很快成为合肥市的骨干企业，为合肥市的经济发展作出了重要贡献。朱德、邓小平、彭真、彭德怀、叶剑英等党和国家领导人先后视察该厂，并给予很高评价。

因为合肥无线电二厂是从上海大都市内迁来肥的，特别是建厂初期不少人都是上海人，所以工人们总能把业余生活安排得丰富多彩。

据老工人们回忆，工厂迁到合肥不久就修建了灯光球场，每到周末都要举办一场篮球赛。当时厂里的篮球队在合肥市可算得上是甲级队，通常邀请的对手都是从上海内迁的厂。别的球队的记分牌大多是在一块小黑板上用粉笔计数，而合肥无线电二厂的要讲究得多，是由小灯泡组成的数字，每进一球，裁判台上一按，分数就改了；计时钟也是电动的，哨子一响，钟就走，哨子再一响，钟就停。

陈文富还说，和现在一样，那时一到国庆、五一等重大节日的时候，合肥所有工厂都要装扮门楼，有的是挂两只灯笼，上书"国庆"二字，再插上几面彩旗；有的是拉个横幅，上书"庆祝国庆"四字；唯独他们厂的门楼独树一帜，既漂亮又新奇，门楼上的字全部由灯泡组成，周边再用彩灯围个轮

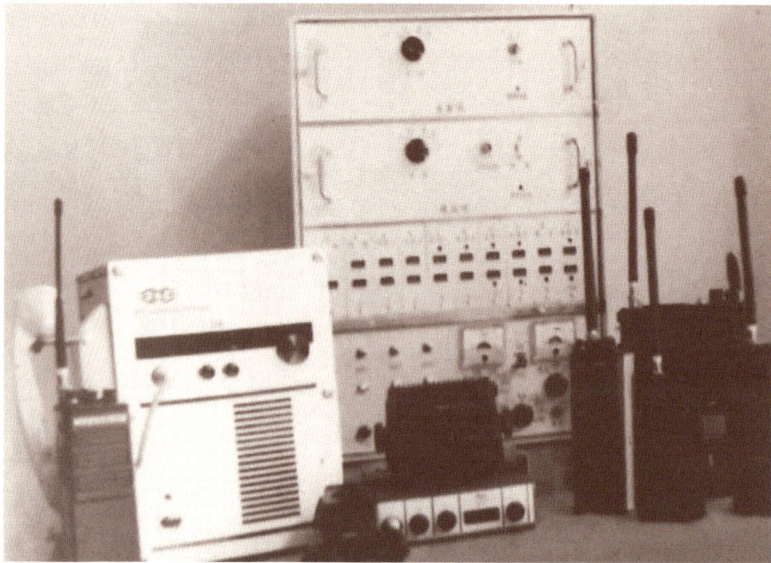

合肥无线电二厂生产的无线电话机

廓，这些灯时亮时灭，那轮廓灯就像是不停地跑圈。现在看来这不算什么，但在那时可算是合肥最高级的门楼了。

　　但美好的时光总是过去得很快，刚步入鼎盛时期的合肥无线电二厂没有想到风雨来得如此之快。20世纪80年代中期，面对电视机行业的火热形势，各地纷纷把家电产业作为各自的主导产业来抓。一时间，电视机厂遍地开花，电视机行业迅速供过于求。此时，合肥无线电二厂要面对的不仅是宏观政策的转变和外部环境的变化，自身的内部问题也逐渐暴露出来。外患加上内忧，让合肥无线电二厂不得不另寻"出路"。1997年12月31日，海尔正式接管合肥无线电二厂。1998年，海尔整体兼并后第一年的彩电产量便从原来的不到5万台一下猛增至40万台……

　　合肥无线电二厂虽然已成为历史，但它为合肥经济、社会发展所做出的贡献，是永载史册的。

在上海内迁合肥的企业中，位于蚌埠路的合肥电机厂是比较早的，也是技术很先进的企业，不仅试制成功了我国第一台单机容量达1200千瓦的大型潜水电泵，而且产品受到了海军装备部的表扬；更是在1986年试制成功国内单机容量最大的1900千瓦大型潜水电泵和600千瓦卧式潜水电泵，再次填补了国内空白……

合肥电机厂：唯技术，不止步

多项成果填补国家空白

在上海内迁合肥的企业中，合肥电机厂是比较早的。据档案记载，早在1956年1月，上海元泰电机厂、华丰翻砂厂、斜桥铁工厂、民华铁工厂和利民电焊厂等5家私营小厂内迁合肥后合并建成公私合营合肥动力机电厂，厂址在蚌埠路；1958年5月改名为公私合营合肥电机厂；1959年改为后来的厂名——合肥电机厂。

因为是较早内迁合肥的，所以还发生了一件轰动一时的事情。1956年11月，铆工车间（原民华铁工厂）职工29人，因到合肥后生活不习惯，以无任务为由集体前往火车站待车想回上海。经劝阻无效后，有关方面不得不派出警察把这些人送回去，并派了一些人员驻厂维持秩序。

据合肥电机厂老职工徐品芳撰文回忆，1956年合肥电机厂建成后，在当年10月份就试生产了，速度不可谓不快；到1958年工厂已初具规模。建厂初期，合肥电机厂主要生产仿苏小型电机、蒸汽锅炉、矿山机车等。1958年后，企业逐渐成为电机类产品的专业厂，就以生产各类中小型交流电动机为

合肥电机厂生产的三相异步电动机

主了，产品主要是我国自行设计的小型异步电动机系列、中型异步电动机系列、齿轮减速电动机系列和电力变压器等。而在20世纪70年代初，产品则有较显著的时代特征，主要是一些铝线电动机；1973年还生产了1600千瓦大型立式同步电动机。

到了20世纪70年代末，国民经济进入新的繁荣时期，为适应对内搞活、对外开放的需要，不少企业开发了多种新技术、新产品。同样，合肥电机厂的创新也很引人注目：早在1979年，合肥电机厂就试制成功了我国第一台单机容量达1200千瓦的大型潜水电泵，为国家填补了空白，并且为开滦、焦作、肥城、新中等大型煤矿及生产我国第一颗原子弹铀矿的排水复矿作出了很大贡献。

合肥电机厂生产的军工电机，由于打破了禁区，改进了设计，提高了效能和技术指标，受到了海军装备部的表扬。而他们生产的高压潜水电泵为全国煤矿抢险排水、复矿生产作出了贡献，1983年荣获金龙奖，1987年被评为国家金质奖。1986年，试制成功国内单机容量最大的1900千瓦大型潜水电泵和600千瓦卧式潜水电泵，再次填补了国内空白。

制造出我国第一台大型潜水电泵

在这些创新中，合肥电机厂1979年试制成功的我国第一台单机容量达1200千瓦的大型潜水电泵，尤其值得一说。它的设计者——合肥电机厂高级工程师戴元安早在1986年就代表安徽省出席全国科学技术奖励大会，受到党和国家领导人接见，安徽省人民政府授予他"有突出贡献的中青年科技专家"荣誉称号。

"1978年，国家机械工业部下达我厂研制1200千瓦高压潜水电泵的任务。这种产品技术性能先进，防水患能力独特，易于实现自动操作，当时世界上只有少数工业发达的国家才能生产。"关于这段往事，戴元安撰文回忆说，合肥电机厂接受研制高压潜水电泵的任务后，就派戴元安和同事王伯恩到北方某水泵厂去学习，并参与该水泵厂的测绘工作，但这个厂拒绝提供图纸。没办法，他们只好白天参加测绘工作，夜里在旅馆徒手绘制草图，经过几十天的辛勤工作，终于绘制出高压潜水泵的主要草图；回厂后，又经过3个月左右的时间完成了潜水泵工作图设计，随即进行试制。1979年12月，高压潜水电泵试制完成，随即运往焦作矿务局进行500小时工业试验。

如果说高压潜水电泵试制过程艰难的话，在戴元安看来，进行500小时的工业试验更是让人煎熬。"在整个500小时的工业运行中，我吃不好，睡难酣，甚至冒着生命危险到离地面几十米深处的水面上去窥听潜水泵的运行情况。在场的同志都说我是赴水蹈火、在所不辞。"戴元安回忆说，不过当测试数据证明已接近当时国外同类产品的先进水平时，他情不自禁地露出了笑容——毕竟这是一项填补国内机电产品空白的技术。

我国第一台1200千瓦大型潜水电泵的试制成功，不仅取得了很好的社

会效益，而且经济效益很可观，年产值近300万元，占领国内市场份额85%
左右，成为合肥电机厂的支柱产品之一，使合肥产品在全国的知名度大为提
高，因而荣获金龙奖、科技进步奖等。

技术进步是企业发展的动力

　　唯技术，不止步！诚如合肥电机厂老职工徐品芳所言，合肥电机厂几十
年的发展历史，证明了一条成功经验：技术进步是企业发展的动力。唯有如
此，企业才能在竞争日趋激烈的市场上出奇制胜，立于不败之地。

合肥电机厂生产的第一台1200千瓦潜水电泵

20世纪60年代的合肥电机厂

的确，通过技术创新，合肥电机厂的产品销往全国29个省、自治区、直辖市，并有部分产品随主机配套出口非洲、美洲、大洋洲等地区，还和美国公司签订了生产尼玛标准电机的合同，几年累计创汇262万美元。1983年，厂里发现国内短线产品齿轮减速电机出现供不应求的现象，于是根据形势加大了齿轮减速电机的生产，至1985年产量不断增加，共生产3万多台，销往全国28个省、自治区、直辖市，产量居全国第2位。

档案资料表明，到1990年年底，合肥电机厂累计生产各种电机功率599.1万千瓦，创造产值3.87亿元，上缴利税5826.55万元……经过几十年的发展，合肥电机厂成为机电部中小型电机定点生产厂家、安徽省机电行业最大的企业。

除了自身发展以外，合肥电机厂还积极孵化更多企业，为合肥经济发展做贡献。例如，随着生产的发展，合肥电机厂分出了两个厂：1966年将模具车间分出，在合肥北郊成立了合肥模具厂；1970年将变压器车间分出，在合肥南郊成立了合肥变压器厂。这两个企业在后来都有了强势发展，成为各自领域的佼佼者。

由风马牛不相及的文具厂发展为电缆厂；因完成"政治任务"而发明国家专利；偶然所得的"绿宝"品牌延续至今……1956年内迁合肥、坐落于蚌埠路的合肥电缆厂可谓充满了传奇色彩。

合肥电缆厂：书写一个个"传奇"

电缆行业里的真"罗汉"

合肥电缆厂始建于1956年。虽然它也是由上海内迁工厂组建而成，但不少人可能不知道，合肥电缆厂一开始和电缆生产一点关系都没有，而且一开始也不叫电缆厂。

1952年出生于合肥的宋启和，早在1970年就进入合肥电缆厂工作，是位老工人，而且后来担任团委干事、宣传科副科长及团委书记等职，所以他对合肥电缆厂的历史十分了解。

据宋启和介绍，1956年12月，上海合众文具厂为了支援内地建设迁到了合肥，一起过来的还有30多名上海职工和10余台设备。当时人们叫它三针厂，这里说的三针就是指回形针、大头针和别针，除此之外厂里还生产洋钉之类的小型建筑材料。当时厂里只有拉丝和三针两个车间，设备也只有迁来时带来的拉丝机。在随后的3个月里，三针厂顺利完成了设备安装和人手扩充等工作，1957年3月正式投入使用，不过这时厂名已改为合肥拉丝厂，不仅生产三针，还生产铁丝。

20世纪50年代是我国工业化进程的重要时期，国家开始重视国内电线电缆行业的发展，并着手在全国范围内进行电线电缆厂的定点布局。当时全国电线电缆厂的布点呈现"六大骨干，十八重点"的格局（行业内戏称为"六大金刚十八罗汉"），就是说电线电缆行业在全国有6家骨干企业和18家重点企业。这18家重点企业中就有合肥的一家。

在这样的大环境下，合肥电线厂筹备处于1958年2月正式成立。有关部门当时就决定在合肥拉丝厂的基础上筹建合肥电线厂。宋启和说，当时不仅是普通市民没怎么见过电线，就连他们厂里的工人师傅都不知道电线是啥玩意儿。因此在当时，仅仅依靠他们厂的现有设备和技术水平，生产电线可以说是难上加难。

为了应对这个问题，合肥电线厂筹备处招收了将近100名学员，并将这些学员分批送到我国各地制作水平较高的电线电缆厂里学习。等到这些学员学成归来后，厂里才开始生产电线，而且产品种类还很单一。省里考虑到这个情况，经过协调，分别于1960年6月和9月又迁来了上海的两家电线厂，为厂里注入了"新鲜血液"，带来了更多种电线的生产技术。

1978年8月，经过20余年的变迁发展，由三家内迁的上海工厂合并而来的合肥电线厂正式更名为合肥电缆厂。那时其不仅在省内同行业中占据主导地位，更已成为国家重点发展对象之一。

"政治任务"产生国家专利

其实，当初国家布点合肥电缆厂的目的之一就是配合两淮地区的矿业生产活动，因为安徽是煤矿大省，采煤对电缆的需求量和技术要求都较高。20世纪70年代，淮南煤矿从英国进口综合采煤机组，销售方给出的设备本身的价格还是合适的，但是为了狠赚中国人的钱，他们将这种机器配套的综采机组矿用橡套电缆的价格定得很高。

"这下我们当然不干了。你价高我不买你的，自己生产。于是当时国家就将生产这种综采机组矿用橡套电缆作为'政治任务'下达给合肥电缆厂。"宋启和说，当时厂里只能够生产普通的矿用橡套电缆。虽然他们有英

20世纪六七十年代的合肥电缆厂

国那边矿用橡套电缆的生产标准，但是英国电缆的标准和我们国家以及国际上的标准都不一样。

　　为了让合肥电缆厂尽快完成这个任务，合肥机械局领导亲自到厂里来开动员大会。"当时厂里还没有一个正式的大礼堂，就在两个车间之间的空处'凑合'了，但这也不影响职工们的热情，全厂职工都来参加了。没有那么多的椅子，职工们都自己带上漆包线盘子当小凳子去坐着听。"其实技术人员都知道，制造综采机组矿用橡套电缆的关键就在于橡胶皮套的配方。这个橡套的配方很有讲究，含胶量大了，虽然耐压等级高，但生产成本也会提高；含胶量小了，显然质量达不到要求。后来经过技术人员近一个月的用不同含胶量材料反复试验技术攻关，才研究出最合适的配方，使进口设备终于可以使用了。生产出这种电缆，不仅是为国家省了外汇，更是为国争光。

　　而在20世纪90年代，合肥电缆厂还有一种很有名气的产品，就是合肥有名的一个高科技项目——科学岛的托卡马克装置（俗称"人造小太阳"）上的超导电缆的导体线芯。超导电缆的含铜量要求高，线径大小要达到标准，另外还要套一层金属管。"为什么我厂只生产这一部分呢？其实也不是因为我们不能生产出完整的超导电缆，那是由于当时超导技术在世界范围内都是极其重要的，其完整的制造技术属于国家机密，所以国家规定不同的电缆厂只能生产超导电缆的一部分。"宋启和解释。

随着科技的发展，现在国内电缆厂生产10千伏至35千伏交联聚乙烯电力电缆已不是什么难事了，但在20世纪七八十年代的时候，可不是一件易事。因为生产这种电缆的条件比较苛刻。这种电缆的生产环境是绝对不允许有灰尘的，从送料到工人进入机房，都要用蜂鸣机将灰尘吹干净；工人要穿上专用的工作鞋、工作服，才能进入操作间；就连仓库都是半封闭的。之所以要求这么严格，是因为一旦有一点灰尘进去，就很容易造成电缆击穿这样的大事故。后来全国范围内进行了一次重新鉴定和验收，验收不合格的厂家就不再被允许生产这种电缆了。当时合肥电缆厂不仅是全国第一批生产出10千伏交联聚乙烯电力电缆的，也是全国第一批验收合格的厂家。

偶然得名的"绿宝"填补产品空白

如今说到"绿宝"牌电缆，相信大部分人尤其是对电缆行业有所了解的，都知道这个品牌。要知道，这个品牌就是由合肥电缆厂创造出来的。

据宋启和回忆，20世纪80年代，省里开始要求产品要有商标和品牌。他们当时就在想用什么品牌好。也有人想了几个，但大家都觉得不是太满意。一天，厂长正在洗手，销售科工作人员前来汇报说工商局已经派人来了，要求他们厂赶紧为产品定个商标和品牌，正好当时厂长洗手用的香皂的包装纸是绿色的，厂长一看，忽然灵机一动，便说："要不就叫'绿宝'牌吧？我们的电缆是输送电的，电不是绿色能源之宝嘛。"众人一听，也觉得这个品牌不错，上口好记，还有深意。这就算在偶然间将"绿宝"牌定下来了。

虽然品牌名称的确定有一定偶然性，但合肥电缆厂对"绿宝"牌的塑造是毫不含糊的。"绿宝"牌真正开始在市场上立足是在20世纪80年代末90

年代初。这里面还有一个宋启和为厂争取权益的故事。

1996年，省里开展了安徽省优质产品和安徽省质量管理优秀企业两项评比活动。宋启和当时已担任厂长助理兼营销部主任。有一天他和厂长一起去主管部门省经委汇报情况，正好看到旁边摆了一份报纸，上面刊登了这样一则消息：某厂（非合肥电缆厂）为我省填补一项产品空白——10千伏交联电缆。宋启和当时脑子就蒙了："我们电缆厂在80年代不就生产出这种产品了吗？"

宋启和很诧异，于是就指着报纸和经委主任说："明明我们合肥电缆厂在80年代的时候就已经制造出这种电缆，填补了省内空白。这家电缆厂在1996年才生产出来，怎么可以说填补了空白呢？"而这位经委主任10年前曾亲自参加对合肥电缆厂这项产品的鉴定，对合肥电缆厂填补省内空白有印象，当即和他们一起去找分管副省长汇报。"后来，这件事情反而促成了我厂获得安徽省优质产品和安徽省质量管理优秀企业两项荣誉。也算坏事变成了好事吧。"

据史料载，合肥电缆厂在1998年前后达到辉煌的顶峰，拥有近2亿元产值，职工达到2500人左右。不过随着社会主义市场经济的深入发展，和大多数企业一样，合肥电缆厂也退出了历史舞台。

部优产品潜水电机绕组线

小小一开关，看似不起眼，其实很精彩，特别是在20世纪50年代为合肥经济发展做出了很大的贡献。当年由上海内迁到合肥的企业中，位于蚌埠路50号的合肥开关厂之所以受人关注，除了它曾是有名的全国矿用防爆电器四大生产厂家之一外，还因为它是上海内迁企业中为数不多至今仍在发展壮大的企业代表。

合肥开关厂：矿用防爆电器四大生产厂家之一

一开始的产品是弹子门锁

合肥开关厂始建于1956年，和那个时代大部分的工厂一样，它的前身是由上海内迁合肥的康信五金锁厂、陈荣兴五金制造厂和勤工拉链厂等3个私营企业组建的公私合营合肥五金厂。到1957年年初，厂房全部竣工，3月份调试投产，当时主要生产弹子门锁。

据时任合肥开关厂供应科副科长的经龙宫在其文章中回忆，当时公私合营合肥五金厂的内迁工作非常顺利，从开始动员到3个厂搬迁结束只用了半年时间，在所有的内迁企业中应该算是时间比较短的。只是当时厂的规模不大，只有100多人。

1958年8月，公私合营合肥五金厂因扩建，改生产减压启动器和铁壳开关，遂更名为公私合营合肥高压开关厂；1959年1月，分出47名职工和部分设备、资金组建合肥红光五金厂（后改名为合肥锁厂）；1959年6月，上海大众、大南洋、复兴慎等3家电器厂迁到合肥，并入公私合营合肥高压开关厂。直到这时，该厂才主要生产高压开关和各类电器元件，厂名也改为合肥开关厂，从1962年就开始主要生产矿用防爆电器。

1982年7月，合肥开关厂与合肥机床配件厂联营建立了合肥开关分厂；1983年12月，这个分厂改名为合肥高压开关厂，并实行独立经营；1984年8月，合肥高压开关厂与合肥机床厂合并为合肥高压开关总厂。我们可以看出，合肥开关厂不但自身在不断发展，而且生了个"儿子"——合肥高压开关总厂。

产品在全国名声赫赫

提到合肥开关厂，一般人不知道它有多"牛"，但业内人士都知道，它可是全国矿用防爆电器四大生产厂家之一，一直以技术先进、性能优良、质量可靠闻名于国内外防爆电器行业。早在20世纪80年代，其生产的DWKB－200A型防爆电器获1986年机电部优质产品奖，BXK11型防爆电器获1989年省重大科技成果奖、省科技进步二等奖。"当时全国各地携带现金前来购买防爆开关，但依旧是供不应求。"老工人金天道回忆起当年厂里的王牌产品骄傲不已，防爆开关在全国名声赫赫，产品质量过硬，几十年里从未出过事故。

20世纪70年代的合肥开关厂车间

除此之外，合肥开关厂还有更"牛"的：在20世纪80年代就有一个达到当时国际先进水平的低压电器实验站，被国家低压电器测试中心确认为安徽省低压电器检测站，承担着全省电器行业的电器实验工作。而到了90年代，合肥开关厂也加速了新产品开发，产品品种由原来单一的矿用防爆电器发展为低压电器元件和高、低压成套电器3大类，产品销往全国近20个省、自治区、直辖市。档案数据表明，1991年合肥开关厂实现利润100万元，上缴利税14.641万元。

有如此优秀的"母亲"，作为"儿子"的合肥高压开关总厂当然也不甘示弱了：产品多达200余种，涉及高压开关柜、高压电器元件、机床配件、叉车变速箱、微机车床转动刀架和步进电机变速箱等，而且是原机械部、电力部定点生产35千伏及以下电器元件、35千伏及以下特殊高低压开关成套设备和机床配件的大型骨干企业。

应该说，小小开关，看似不起眼，其实很精彩，特别是在20世纪50年代合肥发展百废待兴时，为合肥经济发展做出了很大的贡献。

厂里曾办学校

郑国银是合肥开关厂的老工人，他精心保存的工厂物件里有几张发黄的黑白相片。"这是我在工厂里参加学习报告会时拍的。"照片上，年轻的郑国银身穿中山装，头戴军帽，好不精神。合肥开关厂丰厚的待遇、丰富多彩的业余生活，给了郑国银深刻的记忆，令其永远无法忘怀。

其中有一张学生模样的集体照，是在一所学校前拍的。"这是我们的厂办学校学生毕业时的合影。"郑国银说起了工厂创办学校的往事。在20世纪70年代，各个工厂都要办一所帮扶政府的扶持中学，合肥开关厂扶持的是一所名为"半耕半读"的学校。"作为厂附属学校，经费都是厂里出，但招的学生都是来自社会。"据郑国银介绍，学校的老师都是市委到一些学校去招来的。学校的基础设施都是厂里负责，但老师的工资不在厂里面拿。直到

如今的合肥开关厂

20世纪80年代，学校才从厂脱离。

　　在老工人的心里，那个当年在合肥乃至全国都响当当的合肥开关厂，带给他们的不仅仅是骄傲，更是合肥工业发展的见证。

续写辉煌再发展

　　作为当年上海内迁合肥企业中为数不多至今仍在发展壮大的主要代表，合肥开关厂还在续写辉煌。

　　合肥开关厂现在已更名为合肥开关厂有限公司，依然是全国矿用防爆电器的主要生产企业，不但在防爆电器行业中首家通过高新技术企业认定，为我国煤炭、电力等能源及其他基础工业提供了大量真空化、智能化、高可靠性的优良矿用防爆电器、高低压开关柜、高低压元器件装备，应用于众多国内外大型重点工程项目；而且是国内电器工业诸多厂家中少数较早在质量、环境和职业安全健康管理体系等方面通过"三标一体"的贯标认证企业之一。

　　除此之外，合肥开关厂有限公司还拥有省级的企业研发中心，采用计算机控制管理、分断能力达30KA的安徽省低压电器检测中心就设在企业，再加上与国内有关知名科研单位合作，为企业的市场拓展、产品开发奠定了基础。如今，在伊朗、孟加拉国、巴基斯坦、柬埔寨、越南、加纳等国家都能发现合肥开关厂有限公司产品的"身影"。

> 合肥灯泡总厂，安徽省第一批灯泡的生产者，先后试制成功节能荧光灯、溴钨灯和高压钠灯等新品，并最终成为全国唯一的综合性电光源产品生产基地。让人不可思议的是，安徽第一台黑白电视机的心脏——显像管竟然是由"风马牛不相及"的合肥灯泡总厂生产出来的。

合肥灯泡总厂：安徽省第一只黑白显像管诞生地

小灯泡厂的"复杂"厂史

如果梳理一下合肥灯泡总厂的厂史，你会感觉很有意思。

合肥灯泡总厂的前身，是1950年12月9日由施富祥等8人集资创建的上海天利电器工艺社。1956年2月，该厂公私合营并转后改称天利电珠厂。同年12月，天利电珠厂、益明电池厂、正兴电筒厂合并迁肥，定名为公私合营合肥电筒电池厂，厂址在合肥东郊的蚌埠路。

1958年年初，为满足安徽省人民生活中对灯泡的需求，合肥电筒电池厂派4人赴沪学习，并请上海生产灯泡的技术人员来肥指导；同年4月20日，第一批普泡试制成功，旋即设立灯泡车间；1959年12月18日，灯泡车间划出建立合肥灯泡厂；1961年，合肥电器厂与合肥灯泡厂合并，沿用合肥灯泡厂厂名；1962年7月，在原合肥电子管厂旧址扩建合肥灯泡厂；差不多10年后，为了扩大生产，1971年和1972年分别建了配套的钨丝车间和玻璃车间，并成功实现了泡壳生产机械化；1982年经济体制改革以后，合肥灯泡厂从单纯的生产型企业开始转为生产经营开拓型企业；1983年5月，合肥灯泡总厂成立。

从20世纪50年代末建厂到1983年成立合肥灯泡总厂，看似小小的灯泡厂，却创造了不少历史：1958年4月第一批普泡试制成功，填补了安徽灯泡生产的空白；1967年8月，研制成功小型电子管、高压电子管，开创了安徽电子管生产的先河；上世纪80年代初，先后试制成功5瓦荧光灯、节能荧光灯、溴钨灯和高压钠灯等新品。

在合肥灯泡总厂生产的这些新产品中，有一个你肯定没有想到，安徽第一台701型"黄山"牌黑白电视机的"心脏"——显像管，就是由合肥灯泡总厂在1970年生产出来的。

成功试制安徽省第一只黑白显像管

安徽的第一只黑白显像管到底是怎样在合肥灯泡总厂诞生的呢？

20世纪60年代任合肥机床配件厂厂长、领导试制安徽第一只显像管负责人之一的李成科曾专门回忆这件事的经过。据他介绍，1969年他在合肥灯泡厂是学习。他们到厂里时，合肥灯泡厂的特泡车间已设有电子管小组，并已研制成功了小型电子管等。这时正赶上中央倡导大办电子工业，而1971年中国共产党安徽省第三次代表大会即将召开，于是，李成科等人就提出，将原电子管小组改建成电子管车间并生产显像管，与合肥无线电厂合作生产电视机，向省第三次党代会献礼。

李成科等人的建议得到了有关领导的同意。"我们说干就干，先是筹建厂房，然后我又向我熟悉的、已生产显像管的成都773厂寻求支援。"李成科说，不想成都773厂很爽快地答应给他们该厂生产的显像管泡壳100个，每只按12元付款，还同意支援其他零件。除此之外，成都773厂还带领他们参观生产流程，并给了他们最需要的东西——生产显像管用的零部件。

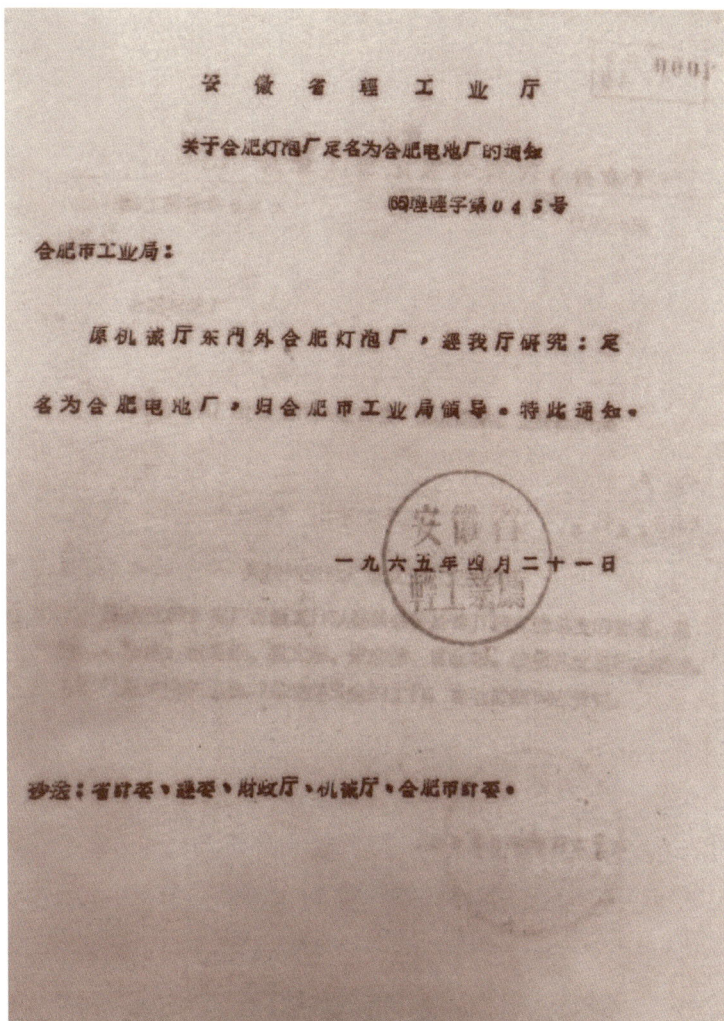

合肥灯泡厂定名为合肥电池厂的通知

　　"一开始我们试制，不少人是没有信心的，他们认为一无设备、二无技术、三无资金，怎么能生产出显像管？有的人甚至等着看笑话。我们当然不信这个邪，潜心研究方案。1970年的春节我们几乎是在厂里度过的。"据李成科回忆，春节过后一上班，他们就公布了议定的方案，请全厂职工讨论。重点是讨论各道工序可能出现的问题及提出解决办法，并把各工种落实到组、责任到人，以保证试制成功。在试制过程中，李成科他们更是发扬"三个臭皮匠，顶个诸葛亮"精神，大家纷纷出主意，共同研究解决。"当时大家的共同心情好似一家人在盼望新生婴儿的诞生一样。"

李成科说，在试制紧张时期，技术骨干连轴转，白天黑夜在车间。饿了买点吃的，边吃边干；困了坐下来打个盹，或用湿毛巾擦擦脸……大家就是这样克服一个又一个困难。"在这期间，每一道难题就是一道无声的命令，每一道难题就是凝聚大家智慧的一个聚焦点。经过近半年的努力，安徽第一只显像管终于在合肥灯泡厂试制成功了。"

合肥灯泡厂生产出的显像管检验合格后交到无线电厂组装成电视机。1970年7月15日，合肥无线电厂试制成功701型"黄山"牌电视机。试机与进口捷克机相比较，音响、清晰度均难分彼此。"1971年1月中国共产党安徽省第三次代表大会在合肥召开时，每个代表团果然都有一台合肥生产的'黄山'牌黑白电视机。"李成科说。

全国唯一生产基地

1983年10月，正赶上上海与合肥开展经济技术合作，特别是合肥的自行车、手表、灯泡等借助上海的品牌、技术迅速发展了起来。借助这一"东风"，合肥灯泡厂与上海电工电讯厂、合肥五金站联营，创办了上海爱申百货实业公司；与上海艺华电器厂、沪西电讯厂联营，生产"申光"牌、"巨威"牌等日光灯管。

据档案记载，到20世纪80年代中期，合肥灯泡总厂的产品有钨钼丝、灯头、灯泡3大类，普泡、溴钨灯、日光灯、环形荧光灯、紫外线灯、金属卤化灯等50多个规格品种；年生产各种灯泡1300万只，产品行销全国24个省、自治区和直辖市。合肥灯泡总厂也因此成为全国唯一的综合性电光源产品生产基地和轻工部定点生产厂家。

延 伸 阅 读 》》》———————————————————》》》

合肥电池厂：轻工部定点企业

合肥电池厂始建于1956年10月，是由上海益明电池厂、上海正兴电筒厂和上海天利电器工艺社等3个小厂合并内迁建成的，一开始的名字叫公私合营合肥电筒电池厂，位于蚌埠路52号。可别小看了这3个"小"厂，其中的上海益明电池厂在新中国成立初期生产的电池质量多次属全市同行业第一，是上海市第一个获得产品质量免检的电池厂家。

我们从档案中看到合肥电池厂的变迁史十分有趣：刚建厂时只有电池、电筒、电珠3个车间，故老合肥人俗称其为"三电厂"。1958年开始生产普通灯泡，产品增到4种。1959年年底又将灯泡车间划出，成立合肥灯泡厂，原电池车间和电筒车间改名为合肥电器厂。但半年后，因两厂仍在同一厂区内，为便于管理又将两厂合并为合肥灯泡厂，而留在原址的电池、电筒车间，正式定名为合肥电池厂。1980年，该厂又将电筒车间移交给当时的郊区大兴公社，从此合肥电池厂便成为生产干电池的专业厂家。

虽然合肥电池厂的建厂史有点"复杂"，但从几组数据中，我们发现合肥电池厂一直在创新。从建厂初期只有电筒、电池、电珠3个产品，到1965年年底，在全国117个电池厂家的质量评比中，该厂生产的R20S型"百花"牌、"花篮"牌和"三羊"牌3个牌号的电池分别获得全国第二名、第三名和第五名，到1970年试制成功并投入生产的R14型和R6型糊式电池，再到逐步试制成功用于军工、电子工业方面的镉镍和锌汞等特种电池，民用方面的纸板系列电池；1975年10月试制薄膜电池；1981年2月试制成功LR20型、LR14型和LR6型3个品种的电池；1984年年初又试制成功全塑壳纸板电池……从这当中我们看到，合肥电池厂规模由小到大，生产品种由少到多，质量在不断提高，企业也一直在发展壮大。

　　而经过多年的不断改革、不断发展，1980年年末，合肥电池厂实现了有史以来的3个重大突破：年产量突破5000万只，产值突破1000万元，利润突破100万元。至20世纪90年代，合肥电池厂拥有各类设备584台（套）、10条半自动机械化生产流水线，自1987年起跨入全国电池产量超亿只的15家大厂之列，从而确定了该厂在全国电池行业中的重要地位。到20世纪90年代初时，合肥电池厂的产量已达到1亿只，总产值达到2300万余元，成为轻工部定点生产干电池的中型国有企业。

合肥红旗电机厂：较早拥有技术团队

　　1957年，合肥飞轮自行车修配生产合作社成立，1958年转为地方国有企业，改称合肥红旗机电修配厂，是位于蚌埠路的合肥红旗电机厂的前身。当时厂里主要经营电机、电器修理业务，同时开始试制电机产品。

合肥红旗电机厂的生产车间

合肥红旗电机厂生产的船用电机

　　1961年至1965年，合肥红旗机电修配厂成为安徽省较早生产交流弧焊机、交流吊风扇以及部分小型农用机械的厂家；1970年，又研制成功了油泵电机和三次谐波单项交流发电机，这在安徽省也是最早的。这样发展到了1971年，合肥红旗机电修配厂就已拥有一支实力较强的技术队伍，被安徽省定点为J3－5小型交流电动机的专业制造厂家。这时候厂名也改成了合肥红旗电机厂。

　　遵循着改革和创新这条路，从20世纪80年代中期起，合肥红旗电机厂就对主导产品不断改进和更新，调整了产品结构，不仅淘汰了一系列的老产品，采用新技术、新工艺、新材料生产出了当时我国最新型节能电机，质量指标均符合国家标准；而且开发了市场紧缺的S7－500千伏安以下多种规格的低损耗节能电力变压器，性能指标达到了国际标准，甚至还试制成功工艺要求很高的三防（防潮、防霉、防烟雾）小型船用电机，填补了安徽省电机生产的一项空白。

　　作为安徽省电机制造业的骨干厂家之一，在20世纪80年代中期，合肥红旗电机厂的主要产品就包括了17个规格的系列电机、系列变压器和批量生产的小型船用电机。

合肥电扇厂：产品曾纳入国家计划

合肥电扇厂隶属于合肥市家用电器工业公司，厂址在三里街临淮路。据档案记载，合肥电扇厂前身系东市区办的机械厂。1971年4月，其承接原合肥红旗电机厂吊风扇的设计图纸与生产设备，试制成功第一台吊风扇，次年这个产品的生产纳入了国家计划。

1973年，合肥电扇厂改称东市区电扇厂，这样一直到1981年4月划属合肥市家用电器工业公司，改称合肥电扇厂。其所生产的"牡丹"牌FD1400毫米吊扇和"牡丹"牌FD－1050毫米吊扇，分别获1983年和1984年安徽省优质产品证书。在20世纪70年代至80年代初电扇还是个"稀罕物"时，不知有多少老合肥人在炎炎夏日享受过合肥电扇厂带来的阵阵清凉呢！

第 六 章

超前发展与耳熟能详的广告语

——记忆中的化工制革企业

> 　　虽然起步是在东门一片人烟稀少的荒岗地，但合肥化工厂一直在创造辉煌：不仅获过各项奖励达25次之多，而且产品还没来得及入库就被有些人"抢"走了；甚至在20世纪80年代，合肥化工厂与合钢、合铝在合肥"三足鼎立"，以税收撑起合肥财政的"一大片天"。

合肥化工厂：合肥财政"三驾马车"之一

荒岗上崛起化工厂

如果将历史的镜头拉回到60多年前，你会发现合肥化工厂所在的地方是一片人烟稀少的荒岗地。

据档案记载，1957年，根据国家"二五"计划重点发展化学工业的方针，安徽省成立安徽氮肥厂筹备处，厂址就选在合肥东郊合裕路以北唐巷与小窦岗之间的一片荒岗上。1958年，国家决定在全国建立13个0.75万吨至3万吨的氯碱企业，于是在氮肥厂东侧又成立了地方国营合肥化工厂。1958年年底，考虑到两厂同属化工行业，原料供应和公用工程可以融通等因素，省、市决定两厂合并成立合肥化工厂。

合肥化工厂在建设初期还得到了包括合肥农药厂在内的多个企业的帮助。1957年11月，省有关部门抽调合肥农药厂副厂长钱新谱、技术人员胡瀚、蒋铁夫等为筹建合肥化工厂草拟了计划任务书，为合肥化工厂的建设绘制了蓝图。

不仅如此，合肥农药厂还抽调技术人员参加合肥化工厂的前期建设工作。蒋铁夫回忆了这样一件事：1958年，合肥化工厂的制氧车间因缺乏氧气而无法安装时，中共安徽省委决定由合肥农药厂生产氧气支援合肥化工厂。若要按照通常的工艺生产，用电解水制氧，那么从设计到安装投产需要相当长时间。在此情况下，合肥农药厂电解车间副主任蒋铁夫建议暂停烧碱生产，改电解食盐水为电解水制氧装置。省工业厅厅长倪则耕和市委第一书记刘征田采纳这一建议后，农药厂广大职工在合肥矿机厂有关人员的协助下，从接受任务到拿出氧气只用了50个小时。这套装置直到化工厂制氧车间安装投产后才恢复原来的电解食盐水生产。

合肥化工厂生产车间

1961年年底，合肥化工厂的氯碱系统建设初具规模，恰逢国民经济遇到极大困难，整个氯碱系统奉命缓建。直到1965年年初，由于华东地区急需农药，合肥化工厂的氯碱系统才恢复建设。到党的十一届三中全会以后，合肥化工厂的改革发展逐步加快了步伐。

特别是在1984年后，合肥化工厂先后完成电石、烧碱、聚氯乙烯、尼龙1010树脂、三氯化铁等产品的扩产改造和设备配套改革；从意大利引进年产5000吨漂粉精生产装置，使企业生产出现新发展；开发生产溶解乙炔、聚氯乙烯掺混树脂、癸二酸和玻璃纤维改性尼龙等一批新产品。

产品没入库就被"抢"走了

作为安徽省以生产氯碱产品为主的基本化工原料大型生产企业之一，20世纪八九十年代，合肥化工厂是不缺少辉煌的。20世纪80年代，其与合钢、合铝在合肥"三足鼎立"，以税收撑起合肥财政的"一大片天"。

据合肥化工厂的老工人舒义芝介绍，在20世纪80年代中期，他们厂的主要产品就有电石、烧碱、保险粉、聚氯乙烯及杀虫双等共13个种类，其中有9种产品获国优、部优和省优质产品称号，电石、聚氯乙烯、保险粉等化工原料还出口外销东南亚及日本、澳大利亚等国家和地区。合肥化工厂1985年就完成工业总产值6257万元，实现利税1003万元，上缴利税915万元，成为当时全省18个税利超千万元企业之一。

统计数据也表明，截至1987年建厂30周年，合肥化工厂共实现工业总产值6.39亿元、利税1.02亿元。自1984年以来，合肥化工厂更是先后获中宣部、国家经委、全国总工会、化工部、省政府、省经委、省石化厅、合肥市委和市政府颁发的各项奖励达25次之多。

作为合肥化工厂主要产品之一的聚氯乙烯，也就是我们俗称的PVC，是世界上产量最大的通用塑料，应用非常广泛，在建筑材料、工业制品、日

20世纪60年代合肥化工厂生产的盐酸产品

用品、地板革、地板砖、人造革、管材、电线电缆、包装膜、瓶、发泡材料、密封材料、纤维等方面均有广泛应用。合肥化工厂生产的电石是有机合成工业基本原料，在金属加工、机械制造、建筑、电镀、印刷、炼钢等方面均有广泛应用。这个产品在1983年国家产品质量评比中名列前茅，被授予"国家银质奖"，远销海外多个国家和地区，为我国挣得了不少外汇。合肥化工厂生产的另一种产品尼龙1010树脂，也是我国独有的工程塑料品种。其透明度高，机械性能及加工性能强，在通用机械（齿轮、轴承等）、医疗器械、日用五金制造等方面应用广泛。这个产品曾获化工部"优质产品"称号。

"在1985年前后，我们厂就占地47.7万平方米，建筑面积15.8万平方米，有职工3400多人了。不要说产品了，我们厂当时光各种各样的仓库就有20多个。"老职工舒义芝用这样一个细节来证明合肥化工厂的"红火"。

她的话也被她的不少老同事证实了。这些老职工说，当时每天都有很多人在排队等货，他们厂生产的电石、聚氯乙烯等产品，按程序是先要入库然后再出库销售的，但往往是产品还没来得及入库就被这些人"抢"走了。"为了避免发生意外，我们厂每天都要专门安排人维护秩序。"

合肥化工厂的学校

除了生产外，合肥化工厂还附设有化工研究所和电大、中专、技校、中小学及职工医院、综合服务公司，而且都很有特色。

杨国杰、杨国云和杨国平三姐妹都在合肥化工厂学校上过学，几年前的教师节，她们三姐妹还一起去看望过他们的语文老师付成英。杨国杰还记得30多年前在学校的一些事情。当时付老师对学生学习要求很严格，但特别注意保护学生们的自尊心。有次杨国杰去办公室送作业，不小心打翻了桌子上的墨水瓶，因为害怕老师批评，她赶紧拿抹布擦了擦就偷偷走了。后来付老师虽然发现了，但并没有责怪她。对班上学生的作文，付老师批改得非常仔细，一般一个晚上只批改5篇作文，哪里有错别字、哪里写得好哪里写得不好，都一一批改清楚。

合肥化工厂学校还一直比较注重体育活动的开展，足球是其重点的运动项目之一，学校成立了校足球队，共有30多人，包含了该校一年级至六年级中的所有足球爱好者。在合肥市主办的首届室内五人制足球赛中，合肥化工厂学校小学部共组建了4支队伍参加比赛，数量为各校之最，并且取得了很好的战绩。

而合肥化工职业高级中学更是为合肥的发展培养了一大批化工方面的专业技术人员。虽然根据统一安排，现在合肥化工厂学校已改为合肥市裕溪路学校，合肥化工职业高级中学也更名为合肥市化工职业技术学校，但还是留在不少人的记忆中。

辉煌一直在延续

随着不断发展壮大，合肥化工厂先后接收了合肥保险粉厂、"三线厂"浦信化工厂1175名职工和制造第一颗原子弹的国营221厂800名职工，为企业快速发展储备了大量人才。正是在这个基础上，合肥化工厂组建成立了安徽氯碱化工集团。

安徽氯碱化工集团成立后，投产了国家"八五"重点建设项目——500吨离子膜工程烧碱工程。这是安徽省利用亚行贷款治理巢湖污染的六大项目之一，总投资2.5亿元。该工程引进日本氯工程公司工艺设备，建成投产的"大烧碱"可为企业年增产值1.37亿元，年增利税达到了2700多万元。

依靠卓越的产品质量和合作双赢的经营理念，安徽氯碱化工集团生产的氯碱产品畅销全国各地，保险粉、双甘膦、草甘膦、杀虫单、氯化铁等产品远销欧洲、美洲、澳大利亚、韩国、南非、保加利亚、土耳其、东南亚等国家和地区。安徽氯碱化工集团因此发展为以氯碱化工为基础，以精细化工、农用化工、塑料化工为主导的综合性国家大型化工企业，烧碱、糊树脂、保险粉等产品在国内外市场颇有声誉。

但随着近些年城市发展和建设的需要，合肥开始重组化工企业，将安徽氯碱化工集团、合肥四方化工集团、合肥江淮化肥总厂的优质资产进行整合，组建中盐安徽红四方股份有限公司。我们相信，有着多年历史和辉煌成绩的合肥化工厂必将延续它的传奇。

若追溯历史，位于蚌埠路的合肥玻璃总厂应该成立于1957年2月。在其后的企业发展中，合肥玻璃总厂总是走在前列：1962年建成了安徽省第一座燃煤池炉；1985年在合肥最早推行各种形式的经济承包责任制；在全市企业中较早步入管理信息化时代；在全市中小型企业中首次对外进行低成本扩张……

合肥玻璃总厂：发展总是"超前一步"

白手起家改革先锋

众所周知，玻璃制品是我们日常生活中不可或缺的。为方便人民群众生活，填补合肥地区玻璃工业空白，合肥市在1957年2月就兴建了合肥晶光玻璃厂，只不过当时是人工操作、作坊式生产，窑炉也为间歇式坩埚炉；到了第二年才改为直火式燃煤池炉，降低了工人的劳动强度。

1958年3月，合肥市又筹建了合肥红光热水瓶厂，后改名为合肥保温器材厂。1960年8月，合肥晶光玻璃厂与合肥保温器材厂合并为合肥玻璃厂，内设保温瓶、仪器、制瓶、石英粉、模具等5个车间。厂址在当时的蚌埠路。

合肥玻璃厂建成后，随着时代的发展和技术的进步，也创造了不少佳绩：1962年建成了安徽省第一座双碹换热式燃煤池炉，使熔化率提高30%；1969年建成安徽省第一座马蹄形24平方米蓄热式燃煤池炉；1976年增设了2个制瓶车间；1978年将室式退火窑改建成更先进的链条式网带连续退火窑，并获得了"大庆式企业"的称号；1981年完成了以油代煤的能源结构改造，使玻璃池炉熔化温度和熔化率都有较大幅度的提高……

而对于合肥玻璃厂来说，1984年是个转折之年。在这一年，合肥玻璃厂改名为合肥玻璃总厂，并开"风气之先"，开始推行各种形式的经济承包责任制，成为合肥市最早实行经济承包责任制的企业之一。

据档案记载，为发展壮大工业经济，自20世纪80年代中期起，合肥市一直在努力为企业改革创造一个良好的外部环境，不但完善了厂长负责制和股份制、资产经营责任制的试点工作，而且在包括合肥玻璃总厂在内的部分企业里率先进行对企业所有权和经营权的分离，并对企业的经营方

合肥玻璃厂大门

合肥玻璃总厂生产的省优产品——套料自然景水具

式、领导体制、分配形式等方面的改革进行有益的探索，开拓了搞活企业的新思路，为企业的发展注入了新的生机和活力。

果然，这种激励机制效果是"立竿见影"的。1985年，合肥玻璃总厂总产值及利润比1977年分别增长了3.54倍和1.93倍；这一年开发生产的40瓦日光灯管填补了安徽省的一项空白；1986年，其生产的异形瓶又获得了安徽省优质产品称号。到20世纪80年代中后期，合肥玻璃总厂下辖红旗玻璃厂、晶光玻璃制品厂、玻璃器皿厂和玻璃纸箱厂等多家企业，主要产品有瓶罐、器皿、日光灯管3大类50多个品种，其中普通瓶、玻璃器皿、套料自然景水具等为优质产品。

加强管理产品放心

到了20世纪90年代，合肥玻璃总厂已发展成为年产5万吨日用玻璃制品的省级重点企业。随着企业的快速发展，传统的管理模式、管理手段已经不能适应了，于是它在全市企业中较早步入了管理信息化时代。

据合肥玻璃总厂一些老工人回忆，到了20世纪90年代中后期，企业日常工作中存在很多实际性问题，比如在企业内部信息交流缓慢，物料的采购方式、采购数量、采购地点决定流程烦琐复杂，企业工作效率始终提不上去……针对这些情况，在21世纪之初，合肥玻璃总厂与当时国内最大的企业管理解决方案提供商金蝶软件公司合作，构建了合肥玻璃总厂管理信息系统。

这一企业管理方案的好处就是，将企业手工方式之下相对独立的业务、业务信息、财务信息网络化；建立内部邮局、电子公告牌、电子邮件等先进的管理手段；实施部门对企业手工方式之下相对独立的业务、业务信息进行调研，使领导层可以准确及时地了解企业采购、销售、库存、生产等部门的运营情况；通过部门职能的重新整合，使之能够及时发现经营中的各种问题。

应该说，先进企业管理方案的引进，无形中提高了合肥玻璃总厂产品的质量和品质。在2000年左右，啤酒瓶爆炸伤人的新闻屡见报端，但合肥玻璃总厂一年生产2000多万只"B"字瓶，无一瓶爆炸伤人。这不能不说是一个奇迹。

合肥玻璃总厂之所以能生产出如此高品质的"B"字瓶，靠的正是先进的技术和科学的管理。"B"字瓶质量的好坏，事关消费者的安危。该厂在生产上从配料、熔制、成型到退火等工艺，大都采用了国内先进的微机控制和电控技术，部分工艺还引进了国外的先进技术。同时，该厂运用科学的管理方法，从严治厂，把责任指标分解落实到每一个工序，谁的工序出了问题就由谁负责，奖罚分明。而在生产过程中，除了严格贯彻"B"字瓶国标外，对"B"字瓶的耐压、耐热、抗冲击、应力等质量指标要求均高于国家标准，以确保生产出高质量的"B"字瓶，从而消除啤酒瓶爆炸伤人的隐患。

为防不测，合肥玻璃总厂还特意为生产的"B"字瓶投保险。这种为"B"字瓶投保的做法，在当时的玻璃瓶生产厂家中尚属首次。万一发生该厂"B"字瓶爆炸伤人事件，受到伤害的消费者能从保险公司得到相应的损失赔偿。

顺应市场合作发展

作为轻工大省的安徽，酿酒行业是支柱之一，不少品牌在全国都有知名度。而作为酒瓶的主要生产者，合肥玻璃总厂一直致力于这方面的发展。酒香也要巧包装，特别是在20世纪八九十年代，合肥玻璃总厂加大了异形酒

合肥玻璃总厂生产的省优产品——异形酒瓶

瓶的生产投入，异形酒瓶的产品也获得了省优。

我们知道，20世纪80年代开始，人们的审美意识不断得到提升。异形酒瓶更是异军突起，成为中国酒文化发展中的佼佼者。例如，一些笑容可掬的寿星瓶、系着年年有余古式铜钱的双鱼瓶、嵌有大红喜字的鸳鸯瓶、圆滑闪亮的太极图瓶……洋洋大观，形态各异。除了观赏外，这种异形玻璃酒瓶包装在馈赠亲友时也是很给"面子"的，因此，异形玻璃酒瓶市场需求一直很旺盛。

近年来随着人们生活水平的提高，酒类包装逐步趋向新、奇、美艺术化方向发展，料质要求水晶化。为了给安徽省白酒行业提供更加高档的玻璃包装制品，为白酒竞争提供更美观典雅的包装，合肥玻璃总厂还专门上马了2万吨稀土仿水晶玻璃项目工程。

据了解，这是合肥玻璃总厂工程技术人员在查阅国内外资料、多次调研的基础上，自主开发的稀土仿水晶玻璃。那么，它与普通玻璃瓶相比有哪些特点呢？原来，它使用稀土原料作为澄清脱色剂，采用精制石英砂等增加玻璃的折射率、透明度，这样生产出的产品放置再久，色泽仍光亮如初，晶莹透明，类似水晶。可以说，这个产品的问世是玻璃行业传统配方的一次变革，是符合国家高新技术产品列出的开发稀土复合材料的研究课题，在轻工行业成功应用，具有经济、社会及环保等多方面的效益，在带动相关产业的发展上也发挥积极的作用。

除了加强产品等方面发展外，早在21世纪之初，合肥玻璃总厂就与阜阳颍上县小张庄玻璃厂进行了合作。据时任厂领导回忆，合肥玻璃总厂把小张庄玻璃厂租赁下来，对其产、供、销、人、财、物全权负责，每月支付该厂一定的费用。为什么要做这些呢？合肥玻璃总厂的主要用户是酒厂，酒厂提出要一些中低档包装瓶，以满足农村市场的需求，小张庄玻璃厂的产品正好填补这一块空当。今天来看，当时的这种跨区域合作发展，真的是"快人一步"。

> 合肥皮鞋厂由上海内迁企业组建而成。其生产的"金狮"牌
> 三接头皮鞋曾出口苏联、日本，美国；曾为朱德、著名京剧表演
> 艺术家李炳淑等名人定制皮鞋……

合肥皮鞋厂："始于足下"的精彩

享有盛名的皮鞋厂

合肥皮鞋厂的前身是合肥制革厂，厂址在东七里站，是1956年由国家投资并吸收上海内迁的"吕金记""李万字""申大"和"大用"四家厂、坊的私股资金和人员而成立的公私合营的制革厂。当时制革厂设有4个车间，即制革、皮件、制鞋、机修车间。

据档案记载，1956年公私合营时，从上海内迁的"冠申"皮鞋作坊和合肥的2家皮鞋作坊一起成立了皮鞋厂；1958年划归制革厂，成为制革厂的一个车间；1980年4月，市皮革工业公司成立，从制革厂划出恢复成立合肥皮鞋厂；1984年4月，与集体所有制形式的合肥皮鞋三厂联合生产经营，当然，厂名还是合肥皮鞋厂。1970年进入合肥皮鞋厂工作，并于1991年至1994年担任合肥皮鞋厂厂长的宋业国讲述了当时的一些故事。

据宋业国介绍，合肥皮鞋厂可是个有名的老厂，其生产的"金狮"牌三接头缝线皮鞋，1966年前在合肥享有盛名，曾出口苏联、日本、美国等，后来由于种种原因停产了。到了20世纪80年代初，常有外地客人来到其设在淮河路中段的皮鞋专卖店问可有"金狮"牌三接头皮鞋，营业员抱

歉地回答早就不生产了。也有人在看"工农兵"皮鞋时议论说现在的皮鞋质量比"金狮"牌差多了。这些情况反映了群众还是很怀念"金狮"牌皮鞋的。因此，当时就有工人建议恢复名牌产品生产，提高产品质量，把"金狮"找回来。

厂领导对工人的建议很重视，他们把一大批已经退休回家的老师傅重新请了回来。要知道，"金狮"牌皮鞋一向以做工精巧、工艺精细、用料精良而著称。要使产品恢复到原来的水平，首先要从技术上下手，于是厂里决定每道工序都由请回来的老师傅指导和把关，师傅毫不保留地教青年工人，青年工人严格按师傅教的做。

第一批产品出厂了，送到淮河路中段的皮鞋专卖店，很快就被抢购一空。自那以后全厂上下再接再厉，产品质量不断提高，合肥皮鞋厂生产的皮鞋越来越受欢迎。当年在合肥市举办的两次轻工产品展销会上，"金狮"牌皮鞋都是最受欢迎的。

不仅如此，1980年，合肥皮鞋厂的"金狮"牌皮鞋参加了在北京举办的全国猪皮制革新产品展销会，带去的皮鞋也大受欢迎，天津、东北等地的销售商当场签订了4万多双的要货合同，就连外商也纷纷慕名而至。当时的宋业国还把这件事写了一篇通讯，发表在《合肥晚报》等媒体上，引起不小的轰动。数据也表明，早在20世纪80年代中期，合肥皮鞋厂年生产男女各式皮鞋就达到了20.7万双，完成工业产值280.7万元，实现利润16.7万元。

到1990年左右的时候，合肥皮鞋厂年生产皮鞋已达30万双，除了"金狮"牌、"黄山"牌男女皮鞋畅销省内外，屡获国家、安徽省大奖外，从20世纪50年代起，其生产的男、女皮鞋就先后出口到美国、苏联、日本及东南亚等十几个国家和地区。"因为出口的皮鞋质量很好，厂里还获得过国家外贸部颁发的荣誉证书呢。"宋业国回忆说。

给名人做皮鞋

合肥皮鞋厂名声在外，不仅为合肥的经济发展带来了不小的效益，而且为不少领导和名人做过皮鞋。宋业国回忆了他亲历的几件事。

1985年元旦前的一天上午，市皮革公司领导来电话说，著名京剧表演艺术家李炳淑要来公司定制演出皮鞋，要宋业国去画脚样。时任上海京剧二团团长的李炳淑是安徽宿县人，4岁就进了安徽宿县京剧团学戏，后调入蚌埠京剧团，1959年入上海市戏曲学校深造2年，曾得梅派传人言慧珠传授，后拜魏莲芳为师，又向张君秋学艺。1970年后她成为上海京剧团二团的主要演员，因在样板戏《龙江颂》中成功饰演女主角江水英而受到毛主席接见。"说实话，我给这样的著名艺术家画脚样还是第一次，难免心里有些紧张。不过我一进门就见李炳淑身着一件雪花呢大衣，围着一条淡绿色拉毛绒围巾，满面笑容地向我伸出手来，我这才相信是真的。我连忙握住她的手，心情很激动。"宋业国回忆说。

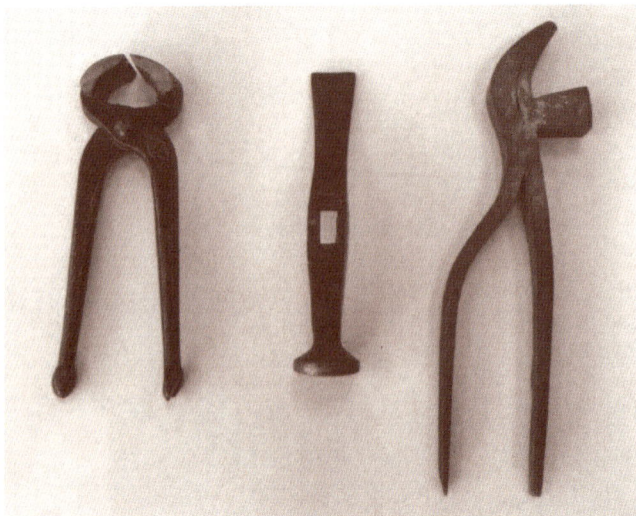

20世纪70年代宋业国使用的制鞋工具（宋业国提供）

据宋业国介绍，李炳淑非常平易近人，他在帮她画脚样的过程中，她不时地和他说着话。从谈话中宋业国得知她是应邀回家乡来参加省电台举办的春节联欢晚会。她将和省黄梅戏剧团王少舫一起主持这台春节联欢晚会。她告诉宋业国等陪同人员："每次回娘家，都倍感亲切。听电台的同志们说我们合肥皮鞋厂的'金狮'牌皮鞋名气很大，我就慕名而来。为了表达思乡之情，从今以后，我将穿着家乡安徽生产的服装、皮鞋登台演出。"而最让宋业国激动的是，临行前，李炳淑特地为他们皮鞋厂的职工们留下了京剧《秦香莲》的一段录音，并和大家一起合影留念。

其实，在李炳淑之前，合肥皮鞋厂就为许多名人做过鞋。1958年朱德来合肥时，合肥皮鞋厂的师傅就到稻香楼给他画过脚样，回来后皮鞋做好了托省里领导带去北京的。1980年，以荒木良人为首的日本久留米市访问团来合肥市访问，团里有位叫道富吉男的小伙子，由于脚比较肥大，在日本买不到合适的皮鞋，只好穿着一双木屐来合肥。市里领导找到厂里，厂里的师傅按照他的脚样特地砍了一双楦头，给他特制了一双三接头皮鞋。当年10月市委副书记王荣华率团去日本久留米市访问，顺便把这双鞋带到日本给了道富吉男，道富吉男高兴得不停地点头，一个劲地"哈依，哈依"，说自己从此后能有皮鞋穿了。

名声在外的篮球队

那时，群众的业余文化体育活动几乎没有，人们下班以后忙着烧饭，吃完饭就没事了。但合肥皮鞋厂里的文娱活动还是搞得很活跃，特别是他们有支篮球队，在东门外名气很大。据了解，当时为了组织这支篮球队，厂里还专门到省体工队要了几个会打篮球的退役运动员，几个人来后占了厂篮球队的半壁江山。就是这样一支篮球队当时可是东门外篮球场上的"列强"。

据合肥皮鞋厂的一些老工人介绍，平常厂里的篮球队一周打一场比赛，都是厂工会组织联系和周边的厂篮球队打打友谊赛。一到周末厂门口就会贴出一张海报，预告晚上和哪个厂篮球队比赛。一到下午五点多钟，就有人搬着板凳到灯光球场占位子准备晚上看球。比赛前灯光一亮又会招来许多周边厂的人看球。人们通常把篮球场围得里三层外三层。在这样的气氛里打球，大家都很兴奋，一场球打下来从不觉得累。"因为我原来在学校篮球就打得不错，是校队的主力，进厂不久后就被召进了厂篮球队。"宋业国说。

　　因为合肥皮鞋厂篮球队在东门外小有名气，所以邀请其去进行友谊赛的厂很多。一旦有外单位邀请时，近的他们就骑自行车结队而去，远的厂里会派一辆大卡车送过去，每次外出比赛，送他们的大卡车上早早就上满了许多跟着去看球的人。"我记得远的我们去过淮南、长丰、上派，近的合肥市东西南北门都去过。"据宋业国回忆，那时合肥东、西、南、北门各有一个体育协作区，每个协作区每年都要举办一次职工篮球赛。而一般在赛前一个月就要组队集训，厂队队员前半个月半天上班半天训练，赛前半个月全天脱产训练；最主要的是中午在食堂免费吃饭，每天还补助几毛钱的营养费。这对那时一个月只有17元生活费的他们来说，绝对是一笔不小的外快。特别是他们穿着运动服显得格外神气，走在路上回头率骤增。

　　说到队服，宋业国说了个故事。球队发队服是不论主力替补都一样，主力队员上场多，队服天天都要洗，而替补队员穿队服都是做做样子。一个赛季下来，主力的队服都洗得泛白了，替补队员的队服却还像新的一样。一次合肥皮鞋厂篮球队在市工人文化宫打球，有人五犯离场，换个替补上场，裁判一看他的队服和场上人的差别太大，不准他上场，最后只好将离场的那个人的背心拿过来反穿着，用粉笔在背上写个号码，比赛才继续开始。

> "要想牙齿好，天天用芳草。"伴随着每一个合肥人乃至安徽人的成长，这句广告语承载着他们特殊的情怀，也逐渐沉淀为他们温暖的回忆。而作为芳草牙膏的生产企业，坐落于蚌埠路的合肥日化总厂也广为人知。

合肥日化总厂：那一片神奇的"芳草"地

鲜为人知的日化厂前身

和当年许多的内迁厂一样，合肥日化总厂的前身也是1956年由上海内迁来合肥的。不过，一开始这个厂并不生产牙膏等日化品，而是生产纸盒。

1956年5月，上海的永和实业公司、裕兴、春生纸盒厂等3个厂内迁到合肥。当时厂址选在东门五里井以东一片荒地上，一方面是那里地势较高而且平坦，另一方面征地费用便宜，可以节省资金。刚开始的厂名叫合肥丽华日用品化工厂，据史料载，上海那边除来了一些工人，还带来了1台人工火烹制膏锅、3台搅拌锅、2台碾碎机、简单的制管制盒机械及十几只冷却瓦缸等设备和一些资金。第二年4月，企业正式投产，全厂设化工、纸盒2个车间，产品主要有丽华、白雪、嫦娥牙膏和化妆品。

虽然那时设备简陋、技术力量薄弱，但日化厂的干群们还是克服了重重困难，使企业迅速走上正轨。有资料表明，建厂第一年就生产牙膏49.2万支，创产值26万元、利税4.5万元。

1958年，合肥丽华日用品化工厂改为国营合肥日用化学厂，后来因为效益不错，省商所化妆品厂、上海东风化工厂、合肥光荣纸盒厂等厂都并入了这个厂。特别是1962年上海市日化专业公司技术人员姚焕新的到来，为企业的技术力量注入了新鲜血液，后来该厂独创的"芳草"复方药物牙膏就是由他带领技术人员研制出来的。

合肥日化厂的诞生，为安徽日化工业的发展创造了多个"第一"：省内第一家也是唯一一家牙膏生产基地；省内生产规模最大的合成洗涤剂生产厂家，改变了安徽人民使用日化产品完全依赖省外运进的局面；组建了安徽第一个化妆品生产企业合肥化妆品厂……诚如原合肥日化总厂团委副书记王海水在回忆文章中所说的，合肥日化厂曾研制出深受广大消费者欢迎的一代名牌"黄山"牙膏，在当时这个产品可与上海生产的产品相媲美，而这也为以后"芳草"系列产品走遍天涯打下了基础。

"一日千里"的"芳草"

曾几何时，在北京的王府井大街和上海南京路的许多高层建筑上都矗立着"芳草"的巨幅广告。"宝宝起得早，天天用芳草"的卡通广告也是家喻户晓。说起这个在20世纪90年代一度名列行业前茅的合肥日化厂，其生产的"芳草"牙膏当年的风光至今在不少人的记忆里仍挥之不去。特别是早在1978年，中国第一支中西药复方疗效型牙膏——"芳草"特效牙膏，引发了中国牙膏产业的第一次技术革命。1982年，企业正式成立合肥日化总厂。

1978年年底"芳草"特效牙膏问世后，1979年试产18万支，用户反映良好。到了1981年产量剧增至1545.8万支，创产值1167.5万元；1991年产量高达1.32亿支，并销往多个国家，开拓了国际市场……有人曾这样说，是"芳草"牙膏成功带动了中国整个民族牙膏业的发展。这话实不为过——在1991年10月全国药物牙膏国优评审会上，"芳草"牙膏更是以全行业总分第一的成绩，击败全国所有名牌药物牙膏，荣登行业榜首——国优银奖，实现了药物牙膏创国优"零的突破"，真正成了药物牙膏的"王牌"产品。据老工人们回忆，当年这个奖牌回到合肥的时候，厂里的十几台汽车组成了一个

合肥日化总厂生产的"芳草"牙膏

车队，披红戴绿，敲锣打鼓，从火车站沿长江路一直开到厂里。

其实，这只是"芳草"牙膏辉煌的延续，早在1978年2月，该厂就被授予合肥市为数不多的"学大庆先进集体"单位之一；1982年，厂里对合成洗衣粉车间进行全面改造，改造后的新车间设备自动化程度居全国领先地位；1984年又从瑞士弗利玛公司购进一台真空制膏组合设备，大大缩短了生产周期；接着，又从意大利引进了一套先进的软管生产线，使企业的生产水平达到了国际先进水平。要知道，在那个时候就从国外进口机器可不是一般的企业能做到的。

梳理合肥日化总厂的发展历史，我们看到创新是其永远的主题——不断推陈出新，开发的新产品纷纷涌向市场。1978年年底国内首创的最新一代复方药物牙膏问世；1984年研制成功"芳草"加酶加香高级洗衣粉，并在北京国际博览会上夺得金奖，与"芳草"牙膏双双成为国内同类产品中的佼佼者；1988年，新一代男子健美型牙膏——"芳草"牌男子汉除渍牙膏进入市场，受到了广大消费者、特别是"烟民"的青睐；1990年，开发的第四代"芳草"双氟牙膏走入国际市场；1991年，新一代女士半透明、透明牙膏相继问世……

创新，让合肥日化总厂"一日千里"。据老工人们回忆，在"芳草"最红火的时候，年产量达到1亿多支，就这样经销商的运货车还在工厂大门口等着，牙膏一出车间就被运走了；在中央电视台每年做的广告就达到1000多万元。从这些数字中我们不难看出，当年的"芳草"牙膏红到什么程度。

"工商联合体"出奇招

如果说开发产品的创新之举为企业发展奠定了坚实的物质基础，那么把企业的生产与经营推向市场则是合肥日化总厂腾飞的又一个重要原因。

合肥日化总厂生产车间

　　酒香也怕巷子深。为使企业走向市场、扎根市场，必须走生产与经营相结合的道路。1986年，合肥日化总厂与合肥百货站本着"利益均沾、风险共担"的原则，成立了合肥日化工商联营公司，专售合肥日化总厂的产品，这在当时来说算是一项创举。

　　合肥日化工商联营公司成立后，秉持"顾客至上，信誉第一"的宗旨，确立了"以主渠道为基础，以价格合理、优质服务为手段，扩大销售，促进生产发展"的经营思想，5年内先后在全国开辟了上海、北京等10个销售网点，与全国400家有关商业企业保持良好的业务关系，使合肥日化总厂的产品畅通无阻地流向市场，生产与销售达到了有机统一。联营公司销售递增速度每年都保持在18%以上，成为全国屈指可数的工商联合体中的一朵奇葩。

　　1985年，公司利税突破千万元大关；1988年，获得国家二级企业称号；1991年，实现利税2680万元，产品打入国际市场；1992年，跨入全国日化企业十强、工业企业五百强之列；1994年，组建安徽芳草集团公司，成为安徽省56个重点企业之一；1996年，联合上海轻工进出口集团公司、合肥荣事达集团公司等企业发起设立安徽芳草日化股份有限公司；2000年与安徽大学合作成立芳草高新技术工程研究院……翻阅合肥日化总厂的这些成长档案，真的感觉这是"一片神奇的芳草地"。

　　红火的企业给工人带来的文化生活也是丰富多彩的。据老工人说，合肥日化总厂的舞厅在东门一带曾经是很有名的，一到周末，厂里的年轻男女都到里面去跳交谊舞，有的人因此产生感情组成了家庭。

　　天涯何处无芳草，庐州"芳草"遍天涯。只是后来"芳草"牙膏逐渐淡出了人们的视野，先是在20世纪90年代中后期，安徽芳草集团公司与联合利华进行合资；接着在2005年5月，两面针股份公司对其进行重组，随即成立安徽两面针·芳草日化有限公司……时至今日，"芳草"还是时常被不少人忆起。

（延）（伸）（阅）（读）➤➤➤➤➤➤

合肥造纸厂：获评"工业学大庆"先进单位

　　合肥造纸厂坐落在合肥市东郊大兴集。20世纪八九十年代时，产品主要有牛皮纸、油毡原纸、茶板纸、瓦楞原纸、卫生纸、灰衬纸、砂纸原纸等七大品种。

　　合肥造纸厂建于1958年。这一年的4月21日，中共安徽省委决定用20万元党费筹建合肥造纸厂。在筹建过程中，国家及时予以贷款，于1959年正式投产。一开始有木制造纸机一台，完全靠手工抄纸，自然干燥。到了1964年，合肥造纸厂自行设计安装一台多网多缸纸机，生产油毡原纸。1979年，这个厂安装的1760长网造纸机系20世纪80年代初国内造纸行业的先进设备。1984年开始生产当时流行的挂面纸。

　　20世纪80年代中期，为了发展横向经济联系，合肥造纸厂和上海宝山造纸厂签订了技术服务协议，将长网机改为长圆网机，既能生产牛皮纸、牛皮箱纸，又能生产白板纸，大大提高了生产范围和生产能力。特别是在这时候，合肥市在企业中实行经济体制改革，全厂实行各种经济承包责任制，经济效益有较大提高，曾多次被评为合肥市先进单位。1979年，合肥造纸厂还荣获合肥市"工业学大庆"先进单位；次年受到合肥市政府嘉奖。

合肥制革厂：产品连续多年获大奖

　　说起合肥制革厂的历史，要从1956年开始。据档案记载，1956年，当时由国家投资并吸收上海内迁的吕金记制革厂、李万记皮坊、申大、大用皮件厂等4家工厂的资金和人员组建成公私合营合肥制革厂，厂址在东七里站，1957年开始投产，同时收并了合肥爱华皮革社；1958年与公私合营合肥皮鞋厂、光荣制鞋厂合并，从此合肥制革厂便成为包含制革、皮件、机修、制鞋4个车间的综合厂；1974年，合肥棉毯厂又并入了该厂；1980年5月，合肥皮革工业公司成立后，将该厂的皮件车间、制鞋车间分出单独设厂。至此，合肥制革厂便真正成为皮革生产的专业厂。

1974年，在全国皮革行业中，合肥制革厂率先推广使用酶法脱毛工艺；1982年，合肥制革厂的猪皮鞋面革被评为全国一类产品；1983年，合肥制革厂与成都科技大学联合研制的金属络合鞣剂鞣革，获全国轻工科技二等奖和安徽省科学成果三等奖；1985年，合肥制革厂生产的山羊正鞋面革获安徽省优质产品证书；1984年至1987年，连续4年被轻工部评为设备管理优秀单位；1985年，山羊正鞋面革获省优质产品称号；1986年，被轻工部授予"六五"期间环境保护先进企业；1987年，黄牛皮修面革获省优质产品，同年获省先进企业称号；1990年，黄牛皮修面革获全省评比第一名、全国评比第七名……特别是山羊正鞋面革，是制作各种出口皮鞋的面料，产品粒面光滑细致，不裂面，厚薄均匀，革身平展、丰满，革里洁净、柔软有弹性，远销美国、日本等国家和地区。

可别小看了合肥制革厂，梳理后你会发现，自1987年后的多年中，该厂产品几乎连年获奖。而且，其早在1986年就建成投产了国内一流水平的轻革皮生产线，引进的国外先进制革设备名列全省同行业之首。

合肥工业皮件厂：产品出口免检

合肥工业皮件厂位于合肥市东七里站，是当时合肥皮革工业公司所属国有企业。据了解，该厂始建于1956年。产品分为工业用皮件和民用产品两大类。工业用皮件主要产品有黄牛皮圈、皮结、各种毛纺皮板、单双层平型轮带、皮件机零件、元轮带等；民用产品有牛皮裤带、男女高级旅游软皮裤带、各种规格旅游航空皮箱、人造革箱、牛羊皮出口票夹等。

在20世纪80年代中期，合肥工业皮件厂年产皮结3.43万只、元轮带5.47万筒、皮裤带44.42万条。其中皮结、皮圈在国际市场受到好评，是出口免检商品。元轮带畅销20多个省、自治区、直辖市。

合肥东风化工厂：全市唯一工业草酸专业厂

合肥东风化工厂位于东七里站，是合肥市二轻局下属的一家生产工业草酸的小型集体所有制企业。

据记载，合肥东风化工厂建于1953年，一开始叫合肥竹器厂。1970年年初，合肥竹器厂开始研制工业草酸，后因企业解体，部分人员和设备转并入合肥市化工冶炼社，由该社继续进行工业草酸产品研制。1972年，该社改建为合肥东风化工厂，将研制生产工业草酸产品列为企业发展重点，并且在4年后的1976年5月完成工业草酸产品研制，正式投入批量生产。当年产工业草酸103吨，占全国同行业同类产品生产总量的10%。

从1977年起，合肥东风化工厂的工业草酸开始向欧、美、东南亚及日本出口。其因在全国同类产品中排名第三位的优异品质，1980年获安徽省优质产品称号，1981年获国家外贸部颁发的品质优良证书，并同时获得外贸出口免检信誉。在当年举行的全国同行业产品质量评比中，合肥东风化工厂生产的工业草酸产品质量获总分第一名。

因此，合肥东风化工厂在1984年荣获合肥市"最佳经济效益单位"称号；1985年进入全市63家利税超百万元单位的行列，是合肥市唯一生产工业草酸产品的专业厂。

第七章

从『三星』耀庐州到『千万财团』

——记忆中的金属橡塑企业

到20世纪80年代中期，安徽轮胎厂累计完成工业总产值6.68亿元，实现利税1.75亿元，产品行销全国30多个省、自治区、直辖市及38个国家和地区，是当时安徽企业中为数不多的"千万财团"之一，更是国家在安徽唯一生产轮胎的定点企业。

安徽轮胎厂："千万财团"企业这样"炼成"

安徽轮胎厂建立

1957年，在合肥市蚌埠路三里街有一家生产橡胶产品的小企业，名叫安徽省交通厅合肥橡胶厂。当时的安徽汽车制造业刚刚起步，为配套生产轮胎，有关部门决定将安徽省交通厅合肥橡胶厂更名为安徽橡胶轮胎厂，专业生产轮胎。1957年10月安徽橡胶轮胎厂成立，即为安徽轮胎厂前身。

因为是建厂初期，设备简陋，机械化程度低，虽然1958年安徽橡胶轮胎厂正式投产了，主要生产拖拉机、汽车外胎，但产量并不高。有数据表明，其从1958年到1966年累计生产汽车、拖拉机专用轮胎5万余套。

"文革"初期，安徽轮胎厂的生产遭到了严重破坏，但并没有停产，而且连续进行了几次规模较大的技术改造和扩建，产量、质量均有大幅度提高。

档案是这样记载的：1969年，安徽轮胎厂被纳入重点技术改造单位，由国家拨款225万元扩建厂房、添置设备，到1974年，全厂建成炼胶、成型、硫化、翻胎、动力、机修6大车间，主要生产设备达124台（套），轮胎生产的五大工艺设备基本齐全，动力机械总能力达到2984千瓦，汽车轮胎成为企业生产的主导产品。

安徽轮胎厂前身安徽省橡胶轮胎厂颁发的奖状

"千万财团"企业之一

改革开放后，安徽轮胎厂走上了快速发展的道路。特别是在1983年前后，这个厂又进行了两次较大规模的技术改造，累计使用资金近3000万元，并从日本、美国和德国引进具有20世纪80年代国际先进水平的生产和检测设备，使得生产能力由1975年的年产量20万套汽、拖轮胎规模，提高到年产汽、拖轮胎50万套，手推车胎100万套，自行车胎80万套等。

而20世纪80年代中期，合肥市为发展壮大工业经济，一直在努力为企业改革创造一个良好的外部环境，不但完善了厂长负责制和股份制、资产经营责任制的试点工作，而且对企业所有权和经营权的分离，对企业的经营方式、领导体制、分配形式等方面的改革进行了有益的探索，开拓了搞活企业的新思路，为企业的发展注入了新的生机和活力。

通过这一系列改革，一批中小企业开始借力发展，脱颖而出。安徽轮胎厂就是其中典型之一。以1985年的数据为例，这一年安徽轮胎厂的主导产品就有载重汽车胎、轻型载重汽车胎、工程车胎、农用车胎、摩托车胎、手推车胎等共6大类近60个品种，其中载重汽车胎和轻型载重汽车胎被国家化学工业部评定为B级产品；当年总产轮胎38万套，完成产值逾亿元，实现利税3110余万元，上缴利税2161万元，成为当时安徽企业中为数不多的"千万财团"之一，并且是国家在安徽省和合肥市唯一生产轮胎的定点企业。

　　除此之外，早在20世纪80年代中期，安徽轮胎厂就上了当时先进的子午线胎项目。这不仅在安徽，在全国也是较早的，引起多方关注。

　　"子午线轮胎是胎体帘线按子午线方向排列，有帘线周向排列或接近周向排列的缓冲层紧紧箍在胎体上的一种新型轮胎。按照胎体和带束层所用帘线材料不同，子午线轮胎可分为3种：全钢丝子午线轮胎、半钢丝子午线轮胎和全纤维子午线轮胎。"安徽轮胎厂老工人戴庆普解释说，"子午线轮胎因结构科学合理，使受力改善，比普通轮胎多了许多优良的性能。当年准备上这个项目时，全厂职工积极性都很高，可以说是群情振奋吧。"

　　据戴庆普介绍，首先是使用寿命长，子午线轮胎胎面耐磨性强，且耐刺扎，不易爆胎，行驶里程可比普通斜线轮胎多30%；其次是滚动阻力小，耗油低，滚动阻力比普通斜线轮胎小15%～20%，滑行距离多25%左右，因此，使用子午线轮胎不但可提高汽车的行驶速度，还可提高汽车燃油经济性；再次是承载能力强，子午线轮胎比普通斜线轮胎承载能力高10%以上，如果说一个子午线轮胎的承载能力为1800千克的话，那么同类型普通轮胎的承装能力仅为1500千克；最后是减震性能好，使用子午线轮胎的车子乘坐舒适，同时也降低了车辆受冲击损坏的可能性，有助于延长车辆的使用寿命。

　　据记载，安徽轮胎厂自1958年建成投产至1985年年底，累计生产汽车、拖拉机专用轮胎201.57万套，手推车胎542.4万套，自行车胎209.51万套。产品行销全国30多个省、自治区、直辖市及38个国家和地区，主要产品通过国家级质量鉴定；累计完成工业总产值6.68亿元，实现利税1.75亿元。我们从数据中不难看出安徽轮胎厂的红火。

中外合资后的发展

1993年7月,根据当时企业的发展需要,有关部门促成了安徽轮胎厂与新加坡佳通集团投资公司签订协议,合资兴办佳安轮胎有限公司(后改为安徽佳通轮胎有限公司),2200多名职工整建制进入合资公司。这也是当时安徽省工业领域最大的中外合资项目。从此,安徽轮胎厂以另外一种方式继续为合肥市的经济发展做着贡献。

合资后的安徽轮胎厂也的确发生了变化。这一点从职工工资平均每年以25%以上的速度增长就可看出。1996年职工月平均工资达到800元,1998年达到1400元,那时这个工资标准在全市算是比较高的收入了。"当时不少人

20世纪50年代末安徽轮胎厂工人在工作

合肥塑料厂生产的部分产品

都羡慕我们呢。"安徽轮胎厂的一些老工人说。

经过这么多年的发展，安徽佳通轮胎有限公司也成为佳通集团在中国设立的最大一家轮胎制造企业，目前年产值达57亿元，纳税额达3.5亿元。

近两年，其更是以每年约3亿元的投资来对设备进行自动化、信息化改造升级。位于安徽佳通轮胎有限公司的研发中心也是目前其集团内最大的研发中心，拥有高素质的研发员工达700余人，拥有完备的轮胎室内和室外检测设备。而且，该研发中心还拥有三大自主研发的产品开发平台，截至目前已经相继开发出了轮胎瞬态动力学分析、噪声分析、振动分析、温度场分析以及温度相关的材料力学性能分析等技术，完全具备与整车厂进行项目同步开发的能力。

当然，在产品生产方面，佳通轮胎同样硕果累累。目前，佳通轮胎新开发了包括全钢子午线胎、半钢子午线胎等在内的数百个规格品种，"未来，安徽佳通将通过大力发展，努力成为轮胎行业的引领者，率先实现轮胎工业4.0的目标"。对于这样的远景，相信每一位原安徽轮胎厂老职工都会为之自豪。

作为安徽省第一个聚氯乙烯产品的生产厂家，位于合裕路口的合肥塑料厂虽然没有很大的生产总值，却连创了几个全省甚至全国第一，让人刮目相看。

合肥塑料厂：多个"第一"集于身

生产出安徽省第一个聚氯乙烯产品

说起位于合裕路口的合肥塑料厂，你可能想不到，它的前身是和塑料不太相干的胶木厂。

据档案记载，1954年，合肥怡丰五洋批发号、钜源杂货批发号和仁康、茂昌、义和、义圣公、丰泰等7户布店、杂货店组建成光明胶木厂，主要生产胶木纽扣。1955年11月，光明胶木厂改称为公私合营合肥胶木厂。到了1956年，随着上海同茂昌塑胶厂内迁到合肥并入该厂后，合肥胶木厂才增加了聚苯乙烯肥皂盒和条梳等产品。

1961年，随着规模的扩大，合肥胶木厂开始投入生产聚氯乙烯鞋底。要知道，这在当时可是安徽省第一个聚氯乙烯产品。1962年年初，合肥胶木厂又改名为公私合营合肥塑料制品厂。就在这一年，安徽省化工厅机关塑料厂和合肥棉毛纺织厂先后并入，厂名再次改为公私合营合肥塑料厂。这之后，合肥塑料厂的主要产品有酚醛塑料的水车辐、纽扣、电器开关，氨基塑料的碗、碟、盘，聚苯乙烯塑料的条梳、皂盒、筷子，聚乙烯塑料的烟盒、皂盒，聚氯乙烯塑料的鞋底、凉鞋、春秋鞋、雨鞋，以及薄膜复制品等。

到了1980年，随着合肥市塑料工业公司的成立，合肥塑料厂被分为合肥塑料四、五、六、七、八厂等五个分厂。1984年12月，合肥塑料四、五、六厂合并，又恢复成合肥塑料厂。1991年12月更名为合肥塑料总厂。

20世纪80年代合肥塑料厂领导和意大利客商洽谈业务

创造了多项第一

通过曾任合肥塑料厂纪委副书记张儒和的回忆文字，我们看到了合肥塑料厂这个全省生产聚氯乙烯塑料制品第一厂家的成就和辉煌。

20世纪八九十年代，合肥塑料厂的主要产品有PVC板材、管材、管件、电缆料、薄膜、人造革、泡沫拖鞋、ABS板、PE周转箱、PP波纹管等十多个系列、近20个品种、上百个规格；其中迎客松牌PVC硬管、骆岗牌普通护层级电缆料、泡沫拖鞋、远航牌人造革、迎客松牌塑料楼梯扶手等为名优产品；PVC泡沫拖鞋在首届中国鞋文化博览会上被评为银质奖；1991

年，全厂工业总产值2154.9万元，实现税金49.45万元……

因此我们可以看出，合肥塑料厂虽然没有很大的生产总值，但连创了几个全省甚至全国第一。档案记载，到1963年，产品规格已有近百种；1964年又进行了大规模的技术改造和扩建，并确定了以聚氯乙烯塑料生产为主，发展板材、管材、薄膜等大型产品的发展方针。就在这一年年底，全国第一双PVC泡沫拖鞋在合肥塑料厂试制生产。

要说这PVC泡沫拖鞋，在当时可是"时尚产品"。它不仅质地柔软，穿着舒适，有多种流行花色品种，而且具有不易燃性、高强度、耐气候变化性以及优良的几何稳定性，很受当时人们特别是一些年轻消费者的喜爱，在一

合肥塑料厂引进的先进生产线

些商店里常常是脱销的"热门产品"。因此，产品出来第二年就被列为出口产品，为国家创收了大笔外汇。

除此之外，合肥塑料厂生产的PVC护层级电缆料也超过了当时部颁的标准，质量已达到国际IEC标准。这种PVC护层级电缆料可用于制作通信、控制、信号、低压家用电器等方面的绝缘电线；能满足较高的电性能要求，可以在70摄氏度情况下长期使用；通过了湖北红旗电缆厂、上海电缆研究所等机构进行的物理性能及电性能测试。

扩建合肥塑料机械模具厂

在多年的自身发展过程中，合肥塑料厂还衍生、帮扶了多个企业。位于当时合裕路与繁昌路交口的合肥塑料机械模具厂就是其中之一。

为了发展塑料工业，1980年，有关部门把合肥塑料厂的机修模具车间划出，单独成立了合肥塑料机械模具厂。虽然合肥塑料机械模具厂建厂初期技术力量薄弱，设备陈旧，塑料模具制造70%靠手工操作，但很快国家就加大了投入、更新了设备，为合肥塑料机械模具工业的发展奠定了基础。

特别是在1985年，为搞活企业、发展生产，合肥塑料机械模具厂通过民意测验和考核，对厂级干部和厂内中层干部进行了调整，使懂业务会管理的人发挥作用；并对生产车间实行联产、联利、联质提奖办法，对股室实行百分考核计奖的办法……通过这一系列促进方案，在此基础上，厂里积极开发螺旋式微膜挤出机头和气垫膜成型机头、双缸洗衣机盖板、煤气表壳、铝合金吹塑、压塑、发泡模具等模具新产品和通用挤出机、各种新塑结构的螺杆，塑料破碎机、切粒机，以及薄膜、管带、电线电缆、中空制品等塑料机械新产品。

经过发展，合肥塑料机械模具厂的产品形成了塑料成型模具和塑料机械两大类几十个系列，除了为安徽200多个塑料厂家提供了塑料模具和各种塑料机械成型设备外，产品还远销辽宁、四川、山东等地。

虽然位于原蚌埠路的合肥制锁总厂经历了"分分合合"，但其在发展过程中经历了一个个"奇迹"：全省同行业企业经济效益评比总分第一名；20世纪90年代初已年产值逾千万元、利税总额超百万元……除了经济效益外，合肥制锁总厂的物管工作还很有特色，创造了"全国典型"——被轻工业部授予"物管先进企业"称号，这在当时的安徽是屈指可数的。

合肥制锁总厂：全省最大的制锁厂家

"千头万绪"的厂史

如果一定要用一个词来形容合肥制锁总厂的历史，"剪不断，理还乱"应该是比较合适的。档案资料显示，1956年9月，上海康信锁厂、陈荣兴五金制造厂和勤工拉链厂3家私营企业先后实行公私合营并迁往合肥。在这3个厂中，上海康信锁厂的设备最为齐全，多为机械化、半自动化，产品中的弹子门锁还是上海市的免检产品。它因此也成为后来合肥制锁厂建立的重要基础。

内迁合肥后，这3家小企业合并组建为合肥五金厂，厂址在当时的蚌埠路，是合肥制锁总厂的前身。厂里主要生产"建设"牌弹子门锁和"双箭"牌金属拉链，年产值约70万元。按原合肥制锁总厂工会主席张金瀛的说法，合肥五金厂的建立，在当时填补了安徽制锁、拉链工业的空白，推动了合肥地区的经济发展。

但在20世纪50年代，为适应合肥地区经济迅速发展的需要，一切都在

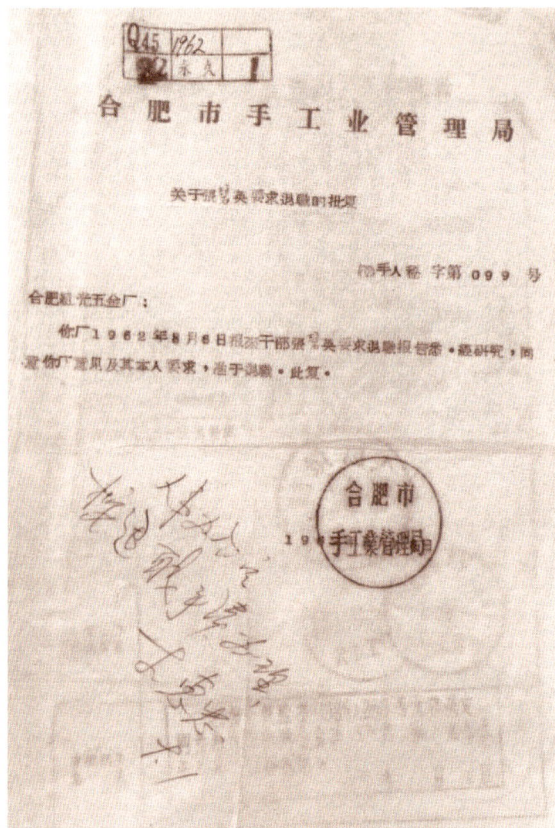

合肥市档案馆藏关于红光五金厂的文件

变化。1957年，合肥五金厂转向生产高、低压开关，并更名为合肥高压开关厂，但次年1月，市里又决定恢复锁具、拉链的生产，并从合肥高压开关厂抽调部分职工、设备和资金重新组建了合肥红光五金厂，生产锁具、拉链等。合肥高压开关厂则更名为合肥开关厂。

经过半年多的筹建，红光五金厂于1958年9月正式投产，生产"先锋"牌铸铁弹子门锁和"双箭"牌金属拉链，当时年产门锁9000把、拉链11000条，总产值37000元。1962年9月，迁到蚌埠路的合肥红光五金厂又合并了停产的合肥冶金机械厂。

据档案记载，1965年9月，合肥红光五金厂正式更名为合肥锁厂。从1964到1966年，由于全国形势比较稳定，国民经济发展比较迅速，合肥锁厂的产量也稳步上升，工业总产值平均每年递增30%以上，全员劳动生产率平均每年递增28.2%，年利润总额平均每年递增1.5倍。

后来合肥锁厂又经过多次"分分合合"的发展，直到20多年后的1989年10月，经上级主管部门批准，正式更名为合肥制锁总厂。

延续多年辉煌

梳理合肥制锁总厂的发展史，1977年可算是一个"奇迹"：不但提前一个多月完成了全年生产计划，工业总产值达171万元，比上一年增长了44.9%；而且全年利润总额达7万元，比1976年增长了6倍。

接下来，合肥制锁总厂在延续这种"辉煌"：1985年荣获全省同行业企业经济效益评比总分第一名；1986年被评为轻工业部物资管理先进单位；1987年主要产品862型门锁获省、市优秀新产品奖；1988年81型门锁获轻工业部优质产品证书，787型自行车锁获省优质产品证书；1989年企业利税突破百万元大关。特别是自1989年合肥锁厂更名为合肥制锁总厂后，再创历史最好水平，共生产出各种锁具160万把、各种家电稳压保护器6000台，产品增至4大类60个品种，年工业总产值达1360多万元，实现利税总额116万多元。

张金瀛为我们展现了一幅合肥制锁总厂曾经的"辉煌图"：到20世纪90年代初时，形成了门锁、自行车锁2大系列产品年产300万把的生产能力，主要产品有"先锋"牌系列门锁、"飞轮"牌系列自行车车锁和抽屉锁、"先锋"牌系列家电稳压保护器等，其中1个产品获部优，3个产品获省优。其当时已是年产值逾千万元、利税总额超百万元的全省规模最大的制锁厂家。

合肥制锁总厂为何有如此突飞猛进的发展呢？据张金瀛回忆，就是抓住了企业管理与技术革新，特别是在产品销售上，采取与商业部门联销和自销相结合的办法，并实行了销售部门集体承包责任制，这些当时的"创新"之举，大大调动了销售人员的积极性，产品畅销全国各地。在推行全面质量管理的同时，厂里还自1982年起先后革新成功"仿金"电镀新工艺、钥匙冲孔压花机模、自动铣匙槽机、自动组合绕簧机及各种模、夹具等重点项目共600多项，在全国制锁行业情报会上受到广泛好评。

创造"全国典型"

除了经济效益外，合肥制锁总厂还将仓库物资管理工作列为企业整顿的一项重要内容，使物管工作有了较大起色。

据档案记载，合肥制锁总厂建厂初期，全厂仅有一间综合性材料保管室、一名保管员。各种金属材料、化工材料、工具等混放在一起，管理制度不健全，形成了脏、乱、散、费的不良状况。1962年，工厂迁址后，在新厂址陆续建立了原料库、危险品库、露天燃料库、半成品库、成品库等，使物资管理有了初步的改观；同时，将仓库物资管理工作列为企业整顿的一项重要内容，不仅做到了"四划一核"（划积压、划超储、划账外、划报废，核定库存周转资金定额），而且制定了相应的物资管理规章制度，使物管工作有了较大起色。

1981年，合肥制锁总厂的物资管理又进行了一次全面整顿和清理，使库存物资基本实现了"五五化"、规格化、架子化和"四定位"的摆放要求；对全库9大类材料分别核定了合理的库存周转量，设立了资金控制表，并健全和完善了各项规章制度。由于成绩显著，合肥制锁总厂早在1982年就创造了一个"全国典型"——被轻工业部授予"物管先进企业"称号，这在当时的安徽是屈指可数的。

当然，作为全省规模最大的制锁厂家，合肥制锁总厂同样孵化出了一

合肥锁厂的"先锋"牌门锁

批企业。据档案记载，1970年5月，为填补安徽省自行车工业生产的空白，有关部门在合肥锁厂内成立了合肥自行车厂筹备处，利用锁厂技术和设备上的优势，与其他五六个单位协同会战，主要是生产自行车牙盘、链罩、前后轮轴并承担整车组装任务，年内试生产出"江淮"牌自行车200辆；后于1971年下半年划出部分人员和设备，在西门合作化路中段另行建立了合肥自行车厂。

从1972年5月起，合肥锁厂又承担了市里下达的机床会战项目B650型牛头刨床的生产任务。之后根据市场的发展，有关部门又先后将合肥锁厂生产挂锁和拉链的机械设备和模具划出，组建了合肥二锁厂和合肥拉链厂。

合肥东门的大通路，在20世纪七八十年代是老工厂的集中区。这些老厂中有一家有着50多年辉煌历史的著名工厂——合肥搪瓷厂。你别小看了搪瓷厂，其"三星"牌产品不仅在国内销量大，还远销海外，非洲一些国家女儿出嫁就陪嫁整箱的合肥搪瓷厂生产的搪瓷圆盘。

合肥搪瓷厂："三星"闪烁耀庐州

有着光荣历史的前身

和大部分的东门工厂区企业差不多，合肥搪瓷厂也是1955年从上海整体搬迁到合肥的。它的前身是建于1946年的上海立兴搪瓷厂。上海立兴搪瓷厂的搬迁不仅填补了安徽这一工业门类的空白，更重要的是，上海立兴搪瓷厂有着光荣的历史。

1973年就进入合肥搪瓷厂的孙国珍，先后在制粉车间、大件车间、宣教科、工会等部门任职，对合肥搪瓷厂的历史十分了解。孙国珍介绍，上海立兴搪瓷厂的创建者有3个人，一个掌握搪瓷生产技术，一个有资金，还有一个当时在本地区有一定影响力，能够确保工厂的安全运行。在抗美援朝期间，上海立兴搪瓷厂生产了一批搪瓷杯，免费赠送给赴朝作战的"最可爱的人"使用，体现出了深深的军民鱼水情和爱国情。

上海立兴搪瓷厂整体搬迁来到合肥，不光是带来机器、带来技术，还有130多名技术工人，用当时人们的玩笑话说就是，"连一个螺丝钉都带到了合肥"。到1955年第一批本地人招工进厂，公私合营的牌子摘去后，工人队伍扩大，产品产量上升，技术队伍成长很快，到20世纪90年代，厂里职工最多达到了1500多人。上海立兴搪瓷厂搬到合肥前，生产产品的商标就是"三星"牌，到合肥后，或许是希望企业一直兴旺发达，"三星"的商标一直沿用了下来。

合肥搪瓷厂一开始产品多为手工制作，机械化程度不高，品种也比较单一，以日用产品为主，偶尔帮别人加工一些附加值很高的器皿，如飞机上的洗漱池。后来他们根据市场需求把新产品研制开发放在重要位置，制坯有模具设计、加工，瓷釉有新配方设计研究；搪烧车间改进工器具和操作方法；苦练涂搪技能，为新产品、异形产品生产打好基础；从国外先进企业引进平板搪瓷等生产线，基本实现机械化、电气化。当时厂里的目标很明确，就是瞄准最先进生产方式加以应用。

果然，合肥搪瓷厂率先在全国研制出口杯自动生产线，从铁坯下料、成型，到环把焊接一气呵成，成为全国同行业参观学习的榜样。从在全国行业中的位置来看，合肥搪瓷厂应该是前五强，与沈阳、郑州、西安、成都的搪瓷厂是齐名的；从产品品种门类来看，也是全国品种最齐全的综合性厂家之一。

公私合营合肥搪瓷厂生产的搪瓷盘

复杂的制作工艺

所谓搪瓷，就是将强度高、韧性好、延展性好、易于导电、易于造型的金属和绝缘性好、不易腐蚀、易粉碎的无机盐通过物理加工和化学反应形成两种材料优势互补的产品。这样的产品具有坚固耐用、不易腐蚀、光洁美观、易于装饰等一系列特点。合肥搪瓷厂投产以后，生产出来的第一批产品只有2种：面盆与口杯，俗称洗脸盆与搪瓷杯。面盆是36厘米的，口杯8～12厘米大小不等，共有3种型号。产品上的图案大多是牡丹、月季等各种花卉。

　　据孙国珍等一些老工人介绍，搪瓷产品的制作工艺是十分复杂的。首先是配料，工人按配方数字将称好的化工原料翻9遍、筛3遍，使其达到混合均匀的要求，再送到下一道烧料工序，不光劳动强度大，粉尘也大，操作者必须把防尘帽披上，戴上多层口罩，围上围裙，戴好护袖，穿上深筒胶靴，

挂在墙上的工艺搪瓷用品

全副武装。一料粉配下来，外人从穿着中都难以辨认出是哪位师傅。瓷釉烧老烧嫩全凭师傅的经验。磨粉工序，磨机里加工的天然鹅卵石和瓷釉，工人需爬上两三米高的木制台阶一桶一桶提上去、倒进去，出料时也是一桶一桶提到储水粉池边，需要人抬着倒入，非常辛苦。

　　铁坯制造阶段的冲床操作是个很危险的工作，稍有分神就会造成事故，尤其是夜班更要精神。搪烧车间是关系到生产质量、产量的关键，包括配方科学程度都集中在此表现出来。搪，就是将磨好的水粉调整到需要的密度放入搪缸。工人用搪钳夹住铁坯边沿，浸入釉浆，手腕用力旋转使瓷釉均匀地附着在铁坯表面，再烘干。烧，就是烧工将烘干的半成品用几米长的吊叉，放在炉内烧架上，待烧好后再叉出来。工人不光要忍受高温，劳动强度也大。产品质量全由师傅掌握。技术过硬的师傅，不光成品率高，操作起来，手握烧叉将产品送进叉出，动作精确，姿势优美，被人们戏称像在跳交谊舞"三步""四步"。烧工也是全厂评定级别最高的工种，一般学员没有三四年的历练，不能提叉作业。

　　"就实用性来说，搪烧好的产品我们就可以使用了，但是人们都有不同的审美和爱好。搪瓷制品以易于装饰为特点，能满足人们的需求。"孙国珍说，当时生产的花纹是极有讲究的，厂里有专门的美术设计，在设计时把花纹分为城市花与农村花，前者较为素净，以淡色为主，主要针对城市与南方人群；后者较为热烈，大红大绿较多，主要针对农村与北方人群。

　　喷花车间就是将设计好并制作好版的各种花卉、鱼鸟、风景、人物、文字的图案喷涂在产品内外，烧成生动形象、色彩纷呈、美不胜收的产品。喷花工人以他们灵巧的双手和艺术素养给人们带来各种艺术享受，真的是"只有你设计不出来，没有他们做不出来"，例如，著名画家范曾先生所画的《古趣图》挂盘均出自他们之手。

合肥搪瓷厂生产的出口瓷盘

产品风靡全世界

在那个物资相对匮乏的年代，搪瓷产品属高端产品，一般人消费不起。但随着冶金、化工、机械加工技术的进步，20世纪60年代以后，合肥搪瓷厂生产的品种多了起来，应用范围也在逐渐扩大，甚至还生产过搪瓷咖啡壶、搪瓷浴缸，产量还不算小。

据孙国珍回忆，那时他们厂生产的日用搪瓷有面盆系列、口杯系列、洗手碗、圆盘、汤盆、深型碗系列等数百个品种；工业搪瓷有耐酸反应釜系列；卫生搪瓷有铸铁浴缸系列、啤酒罐系列等；艺术搪瓷则有成套茶具挂盘、条屏、圆桌、描金高档纪念品、礼品、喜庆用品等。据说全国最大的毛泽东像纪念章也是合肥搪瓷厂生产出来的。产品规格也各异，最大的有一人多高的5000升反应釜，一个人可以在里面干活，最小的是口径只有6厘米的日用口杯。销售方面尤以日用搪瓷产品最为畅销，最多的一年生产几千万件。

最让人骄傲的是，合肥搪瓷厂的产品不仅在国内销量大，还远销海外：出口到东南亚和非洲等地区，销往非洲的圆盘大多供当地的跳蚤市场摆放水果和其他商品用；非洲一些国家女儿出嫁要陪嫁整箱的搪瓷圆盘，供婆家贴在墙上作装饰用。很长一段时间里，合肥搪瓷厂有不少技工在尼日利亚等非洲国家从事搪瓷产品生产工作。

其实，在我们的生活中，特别是20世纪七八十年代，每个家庭里都少不了搪瓷的影子：搪瓷缸、搪瓷盆、搪瓷脸盆、搪瓷痰盂……上班的时候，人们拿着搪瓷缸去食堂打饭；夏天，小孩放学回家，第一件事是拿起早就凉好的一大搪瓷缸茶水，咕咚咕咚喝下。伴随着每家每户这种平常生活场景的是合肥搪瓷厂的兴旺时代。合肥搪瓷厂当时生产的"三星"牌面盆，有大红双喜花、龙凤、山水风景等图案，色泽非常鲜艳。要知道，在那些年大红双喜面盆可是合肥新人结婚必备的物品，一直供不应求。而合肥市百货大楼自开业起就设了一大橱窗专门陈列展示合肥搪瓷厂各个系列的日用搪瓷制品，可见当时的火爆程度。

"三星"情愫绵延不断

除了产品风靡一时外，合肥搪瓷厂在企业文化方面也开展得有声有色。孙国珍说，为培养实用型专业技术人员，厂里先后选送3批人员到重庆搪瓷职工大学学习，他们厂参加学习的职工在全国搪瓷厂中是最多的。

文化娱乐方面，工会组建了乐队、宣传队。有时周末厂里还举办交谊舞会，有乐队现场伴奏，气氛十分热烈。这在当时的其他厂里是不多见的。他们厂还是合肥市最早建成水泥灯光篮球场的单位之一，这在当时可是个新鲜玩意，有一年省男子篮球队还来此打过夜晚表演赛。

除了丰富的娱乐生活外，据老工人们回忆，合肥搪瓷厂的福利待遇好在周边也是出了名的。他们办公室在那时就用上了抽水马桶；职工住的是三层楼房，地下铺的是木板；过年过节时除了奖金，还会发一些皮蛋、香肠等，

合肥搪瓷厂生产的仿陶杯

这在当时物资匮乏的时代是十分罕见的。因此，有一批年轻人同时被税务局和搪瓷厂录取，他们毅然放弃了税务局的工作而去了搪瓷厂。

合肥搪瓷厂的"三星"搪瓷曾销声匿迹一段时间，取而代之的是"丰收"牌。只不过经过一场毫无悬念的官司，"三星"又回来了，合肥搪瓷厂又焕发出勃勃生机。合肥搪瓷厂职工以他们的聪明、智慧和苦干实干精神，为合肥经济建设添上了浓墨重彩的一笔。有数据表明，1985年，合肥搪瓷厂完成工业总产值1370.37万元，居全国同行业第3位，上缴利税387.32万元。有人说，这一年上缴的税收，就可以再建4个合肥搪瓷厂。

20世纪90年代以后，由于铝制品、不锈钢制品、塑料制品的流行，合肥搪瓷厂逐渐淡出人们的视线，但在不少人的心目中，总能感觉到"三星"仍然在闪烁，那是一种割舍不了的情愫……

延)伸)阅)读)>>>

合肥雨具厂：企业股份制的先行者

合肥雨具厂又名合肥光华日用电器厂，坐落在三里街天长路6号，是20世纪七八十年代安徽省最大的晴雨伞专业厂和电热毯生产基地之一。

合肥雨具厂始建于1956年，原名东市区红光制伞社，主要靠脚踏缝纫机及篾刀、竹锯等手工工具生产油布伞，加工油布和雨衣等；1957年开始生产油纸伞，第二年就改厂名为合肥防雨工具厂；1962年改为合肥雨具厂。

1985年，合肥雨具厂发生了一件轰动全市的事——在全面推行经济责任制的基础上发动职工投资入股，第一家试行企业股份制做法，使职工既是劳动者、经营者，又是企业生产资料的所有者和成果的受益者。这一做法的具体措施是，全厂239名职工认购股票26万元，人均1087元，年终每位参股

合肥雨具厂先进的生产线

职工享受到了20%的股息红利。

这种试行企业股份制做法的最大好处，就是大大增强了职工的"主人翁"精神。在激烈的市场竞争中，合肥雨具厂年利润以20%的速度逐年增长，最终获得安徽省最佳经济效益金杯奖，到1990年年工业产值达到了2100多万元，实现利润120多万元。企业增强了活力，效益大大提高，不仅获得安徽省最佳经济效益金杯奖，还有万向旅游伞获得全国旅游产品奖、"彩花"牌手开直骨晴雨伞和"寿乐"牌电热毯分别获得省优质产品称号。

合肥雨具厂还不断创新，在晴雨伞产品系列化的基础上试制出了"三节缩折伞""三节自动缩折伞"；在电热毯品种方面进一步扩大到电护膝、电热垫、电护胸等产品；积极研制电动保健按摩系列产品和开发壁灯、吊灯、吸顶灯、落地灯、装饰灯、调光灯等产品。产品畅销全国各地并出口东南亚地区。

合肥塑料一厂：软包装材料定点厂家

1960年6月，合肥淮河鞋厂和上海迁肥的胜洋旅行袋厂合并，成立合肥制鞋皮件厂，这是合肥塑料一厂的前身。不过，虽然当时有职工226名、厂房10多间，但由于生产工具简单、技术落后，产品质量不高，销路也不畅。

合肥塑料一厂生产的泡沫人造革包

1965年8月，合肥制鞋皮件厂改名为合肥塑料制品厂，2年后的1967年，厂里自制了25台高频热合机和1台塑料薄膜上光机，增强了塑料加工能力。20世纪80年代后，合肥塑料制品厂先后引进了日本的2套吹膜机组和我国香港的四色胶印机、制版机、照相机；特别是从德国引进一条可年产3000吨的聚丙烯双向拉伸薄膜生产流水线，大大提高了聚乙烯吹膜及塑料薄膜印花产品的产量和质量，生产的聚乙烯工膜、地膜等产品名列全省同行业前茅。1985年1月，合肥塑料制品厂改称合肥塑料一厂。

位于原东市区合浦路5号的合肥塑料一厂，在20世纪80年代中期，还加强了技术改造和与大专院校、科研单位的科技协作，产品有5大类上百个品种，是当时安徽省定点生产软包装材料的国有企业。

合肥五金四厂：联营上海促发展

合肥五金四厂又名自行车配件三厂，位于合肥市凤阳路。早在1955年，29位小手工业者租借6间私房为生产厂，主要产品为衡器类。这就是合肥五金四厂的前身。

1955年至1973年间，根据生产产品的不同，合肥五金四厂曾三易厂名，先后经营木杆秤生产、磅秤维修和电子秤台钻、回转工作台、机用平口钳、台虎钳等机床附件的生产；1976年，根据省轻工业厅决定，配套生产"王冠""永久""美奇"等品牌自行车脚蹬、大板铃，对外增挂合肥自行车配件三厂厂名；在此基础上，1980年增加了钢丝床、钢木家具等产品的生产。

1985年，合肥五金四厂在合肥的企业中较早实行了厂长负责制，并且创新性地提出了"四定""三联"工作机制。所谓"四定"，即指定产量、定人员、定质量、定设备，"三联"是指联系材料消耗、联系各项费用开支、联系安全生产和文明生产。在这种机制的促进下，再加上适时开展了与上海自行车一厂的联营，自行车脚蹬产品由原来1个发展为6个品种，自行车脚蹬、大板铃等产品的生产实现了自动化、半自动化，年产能力达到100万副（只），部分产品获得国家、部、省颁发的奖状。

合肥拉链厂：开发系列新品促发展

合肥拉链厂始建于1972年，一开始是由合肥元件一厂分建的，原名合肥手套厂，专业生产白纱手套等新产品，年产量在6000打至7000打。1974年，厂里接收合肥锁厂生产拉链的部分专用设备，于是试产金属拉链。不想到第二年年底，拉链生产能力达到了50万米，成为这个厂的主导产品。无心插柳柳成荫，于是在1980年，合肥手套厂改称合肥拉链厂，并在东七里站合浦路兴建新厂。

随着生产规模的扩大，合肥拉链厂自建2条氧化铝拉链生产流水线，并投入力量开发了氧化铝彩色拉链系列新产品。在20世纪80年代中期，合肥拉链厂就被轻工业部定为拉链生产的专业厂家，所产的氧化铝拉链也被评为安徽省优质产品。

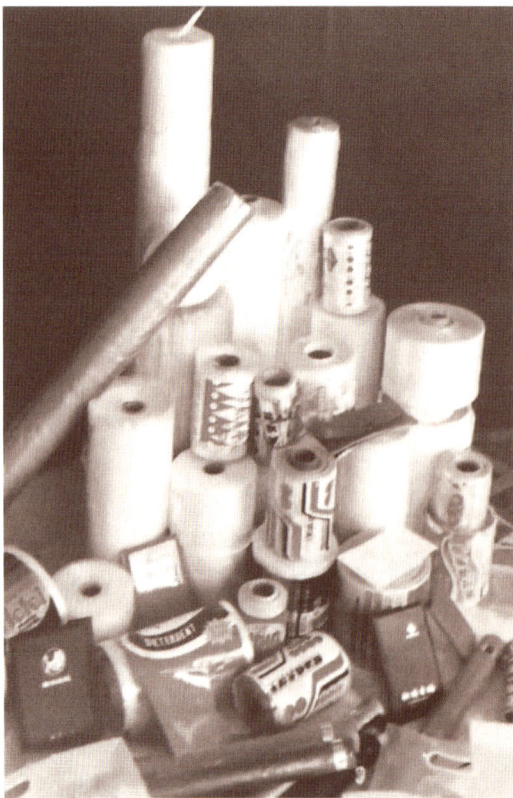

合肥塑料一厂生产的各种薄膜产品

第八章

『民以食为天』促内迁

——记忆中的食品制造企业

　　20世纪七八十年代出生的合肥人，应该有不少吃过"灯塔"牌系列冷饮和小食品，要知道，这可是合肥本地食品厂——合肥好华食品厂的产品。作为合肥市解放后第一家规模型的食品企业，合肥好华食品厂给我们留下了太多的记忆。

合肥好华食品厂：第一家食品厂的"味觉"记忆

由5家内迁企业组建而成

　　新中国成立初期，合肥市的食品工业还十分落后。全市除几家私人手工作坊（后合并成立合肥永康食品厂）外，几乎没有像样的食品生产企业，产品品种也较单一，主要品种除烘糕、白切糖、寸金糖、大麻饼和方片糕等几种地方产品外，就连一般的汽水饮料也没有，更不用说西式糕点和较高档食品了。

　　随着生活水平的不断提高，人们对食品的档次要求也逐步提高，原有的低档次产品和落后的手工业生产方式已远不能满足人民的生活要求。为改变这一状况，1955年合肥市委决定兴办食品工业，并与上海市联系，将上海好华食品厂、太古糖果厂、谊义蛋糕厂、中华面包厂和洽龙冰厂等5家私营企业迁往合肥。

　　曾担任合肥好华食品厂办公室主任的沈永友在回忆文章中说，为了支持内地建设，经双方协商，1955年1月上海好华食品厂等5家私营食品企业实行公私合营，组建成公私合营合肥好华食品厂。为了使上海5家私营企业人员对合肥的情况有所了解，以便做好这几家迁厂人员的思想工作，合肥方面特诚心邀请一些内迁企业负责人到合肥进行考察。市里从方便的角度考虑把厂址选在当时的三里街机场路口，职工宿舍区选在凤阳路旁。国家还投资80万元盖厂房和职工宿舍。这一切使得来考察的人看了很满意，回沪后积极做好搬迁准备工作。

市长批示建造最大冷库

1956年2月，上海好华食品厂等5家企业开始搬迁。据沈永友回忆，那时合肥新厂房已建好，上海内迁设备一到，很快安装好，当年就投入生产。当时有工人130人左右，主要生产糖果、面包、冰棒、饼干、西式糕点和汽水等。据老职工回忆，在迁厂前合肥没有一家生产汽水的企业，是上海好华食品厂将汽水这一产品的生产设备和生产技术带到了合肥。

5家食品厂内迁，不仅丰富了合肥地区的食品供应，更主要是来了一批有影响的技术人才，如知名西点制作技师叶银甫和汽水生产技师余阿赖等人，对合肥地区食品工业的发展产生了较大影响。再加上合肥新新食品厂、

合肥好华食品厂的产品

合肥好华食品厂引进的汽水灌装机

冰厂和水果加工厂的部分职工并入了公私合营合肥好华食品厂，使这个厂1957年年产值达到98.66万元，1959年达到317.53万元。

　　为了扩大食品生产，1964年8月，经时任合肥市市长赵凯批准，该厂投资23万元兴建了一座500吨位的冷库。这在当时可是合肥市最大的一座冷库。在建造冷库的过程中，市长每周3次到施工现场，解决施工过程中出现的问题，使这个较大的施工项目在短短的一年时间内就竣工。直到20世纪八九十年代，这座冷库仍在使用。

　　到了1967年，合肥好华食品厂由公私合营转为国营，并改名为合肥人民食品厂，但到了1979年，厂名又重新改为合肥好华食品厂。20世纪80年代，合肥好华食品厂面貌焕然一新。据沈永友回忆，1984年合肥好华食品厂成为安徽省的食品生产样板厂，在这之后短短的3年时间里，先后从捷克斯洛伐克、澳大利亚、美国和德国等国家引进了多条先进生产线。这些引进的先进设备已成为这个厂的支柱，仅汽水灌装生产线和胶体软糖生产线所生产的产品产量和各项经济技术指标，就占全厂的80%以上。

留在记忆中的美味

现在留在不少老合肥人记忆中的，当然是合肥好华食品厂那些好吃的东西了。据记载，合肥好华食品厂主要生产糖果、糕点、汽水、冰棒等，有6大类280多个品种，形成了冰棒、汽水、硬糖、奶糖、切片面包等规模化的生产流水线。特别是当时的一些新产品，如"吉利豆"软糖、"鸳鸯"巧克力、"花生仁"巧克力、"苹果"汽水、"乌梅"汽水、"雪菲力"饮料等，很受广大市民的喜爱。以至于现在不少人回忆起来还在说，"小时候最大的幸福就是夏天能吃上一支合肥好华食品厂的雪糕。"

"灯塔"牌鲜桔水，1988年、1989年2次在全国同类产品质量评比中取得第3名，并连续2次获得轻工部优质产品称号，1988年在首届中国食品博览会上获得金奖；"灯塔"牌胶体软糖自1986年投产后，1987年即被轻工部

合肥好华食品厂生产的饮料被评为省优

20世纪80年代合肥好华食品厂的雪糕广告

评为优质产品，1988年在首届中国食品博览会上获得银奖；"灯塔"牌巧克力太妃糖、酸梅硬糖果、菠萝汽水、好华汽水等产品均被评为省优质产品，并畅销全国……这一切都表明，当时的合肥好华食品厂不论是生产能力、生产规模，还是产品种类，在省内同行业中均名列前茅。

沈永友的回忆文章说，合肥好华食品厂能根据不同的季节、市场的需求，生产不同的产品：夏季冰棒车间和汽水车间开足马力，24小时运转，以保证香蕉冰棒、豆沙冰棒、冰砖、汽水等源源不断地流向市场，满足市民的需求；冬季特别是春节前后，糖果的需求量成为主流，于是硬糖、"狗屎"糖、各种口味软糖出厂，糕点车间的切片面包、圆形小蛋糕、苏打饼干等走出厂区；每逢中秋节，还会有各色月饼上市，这在当时可是不少人的最爱。

尤其令人叫绝的是，糖果车间和糕点车间的几位上海老师傅做出的拿手特色食品真是独一无二。据一些老工人回忆，有一种千层酥，纯粹手工搓揉，木炭炉熏熟，再用滚油浇淋，最后形成几十层薄如蝉翼的酥叶片，造型酷似礼帽。老师傅制作时，关门闭窗，不允许任何人打扰。这些特色食品是合肥好华食品厂的"门脸"，据说很多厂里工人都没见过，更别说品尝了。这也给当时的合肥好华食品厂增添了一份"神秘感"。

在20世纪50年代上海内迁合肥的企业中，坐落在大通路的合肥面粉厂应该不算一个很大的企业，但这家企业的来头可不小：其前身是著名的上海滩青帮大亨杜月笙的企业；而且，民以食为天，在百废待兴的合肥，合肥面粉厂的成立无疑为当时的国计民生作出了很大的贡献。

合肥面粉厂：内迁合肥的杜月笙工厂

较早内迁合肥的工厂

合肥面粉厂的前身是上海华丰面粉厂。说起这个厂，就不得不提及上海滩青帮大亨杜月笙。因为不满足于自己的黑社会身份，杜月笙就把黑手伸向了工商界，既能让他的名声变得"正派"，又可以谋得更多利润。他在1945年盘得了华丰面粉厂，实现了他打入面粉界的第一步，他的最终目标是左右上海、江南、江北数省市的面粉生意。然而上海的解放打破了他的如意算盘，华丰面粉厂最后由人民政府接管。

邓光祖是合肥面粉厂的老工人，他1934年出生于江苏泰州，1949年到上海谋生，后于1953年成为上海华丰面粉厂的一线工人。从1954年起，为了响应中央的沿海企业内迁政策，在上海市委筹划指导下，上海华丰面粉厂的设备和工人陆续迁出上海，2年后，邓光祖和他的爱人也随厂来到了合肥。他回忆了一些合肥面粉厂的往事。

新中国成立初的上海有13家面粉厂，华丰面粉厂只算中等规模，面粉厂和其他工厂林立，已经超过了上海的实际需要。而新中国成立后的安徽，

合肥面粉厂大楼

随着合肥市区面积的扩大和人口的增加，粮油尤其是面粉的供需矛盾日益突出。合肥地区没有面粉厂家，市区的面粉供应主要由蚌埠调进，运费开支较大，很不方便。为了解决合肥市区面粉供应问题，同时也为新工业区的建设当好"先行官"，保证合肥工业建设大军的吃饭问题，1953年春，有关部门就想着从上海内迁一家面粉厂过来，经过多方寻找洽谈，终于和上海华丰面粉厂达成了内迁协议。上海华丰面粉厂于1954年9月开始内迁合肥的筹备工作，它也因此成为较早从上海内迁合肥的企业。

作为较早的上海内迁企业，华丰面粉厂内迁消息传出后，引起社会的强烈反响，时任安徽省委书记曾希圣还亲自接见了内迁厂的代表。经过几年的厂房建设，1957年1月，合肥面粉厂正式投产，当年就生产面粉32041吨，创工业总产值98万元，从此结束了合肥地区面粉供应靠外调的历史。

邓光祖到现在还清楚地记得工厂搬迁时的情形。厂里的机器设备都由专人负责拆卸、装箱、编号和调度。由于设备庞大，拆成的零部件也十分繁多，要把它们分门别类地装到不同箱子的工作量是很大的，其中最大的箱子有3米多高，最长的箱子将近9米，一只只满载的箱子足足装了76节火车皮，浩浩荡荡地从上海发往了合肥。

搬迁中还有过一个小插曲，因为华丰面粉厂所在的药水弄巷子比较窄，有些大箱子运不出来，于是邓光祖和工人们不得已拆了五六间民房，所以整个搬运的成本还是不小的。刚到合肥的时候，为了保障搬迁工作，合肥市政府特别封锁了铜陵路，以维持现场秩序，并启用了大型吊机，即使是重达5吨的设备也能顺利进厂。

内迁合肥后，合肥面粉厂新建的6层高约33米的面粉厂大楼曾一度是合肥的最高楼，比当时的省委大楼还要高一层。因此，工厂迁入大大地带动了合肥的工业发展，解决了合肥及周边地区多年来面粉匮乏的难题，事关国计民生，对安徽省的建设意义更是不言而喻。

安徽最大的面粉厂

在合肥面粉厂建成之前，当地的面粉大都是农家在石磨上推出来的，生产效率自然很低。整个安徽省也只有蚌埠有一家面粉厂，但是它毕竟产量有限，大多数面粉都供应到了淮北一带，能够摊到合肥地区的少之又少，远远满足不了老百姓的生活需求。所以当合肥面粉厂机器运作开来，把面粉源源不断地供应到市场的时候，大饼和油条就不用像过去用小麦麸子做了，白面馒头也能端上餐桌了，老百姓都欢呼雀跃、拍手叫好。而面粉厂的工人也发自肺腑地自豪，好像自己做了一件十分了不起的事。

不过，那个时候我们国家经济困难，制定的面粉标准也比现在宽松得多，有个说法叫"九二米，八一面"，所谓"九二米"就是100斤稻子打出92斤米，"八一面"就是100斤小麦打出81斤面，因此生产出的米面远没有现在的精细，但是一斤面只要6角8分钱，老百姓大都买得起。由于产量大，合肥面粉厂生产的面粉还支援了六安、淮南、安庆等地，大大缓解了蚌埠面粉厂的供给压力。

那个时候，合肥面粉厂一年的产量约在50万千克，由3个班倒换，24小时无间歇开动机器。当时有人计算过，如果生产出的面粉都用小板车装运，每车60千克左右的话，一辆辆车子连起来，可以从工厂所处的合肥东门连接到大西门。当时500克面的加工费是1角钱，按年产量50万千克算，产值就是10万元钱。在20世纪60年代这可不是个小数目。而到了60年代中期，合肥面粉厂的工人数量也一度达到了顶峰，由内迁时的133人增加到了500人之多。

到了1978年改革开放初，合肥面粉厂的经营模式从原来的"代加工"转为"按价拨付"，即从粮食局买进粮食，加工完毕后再卖给粮食局。这样一来赚取的就是来回差价，打破了以前按计划生产的僵局，工厂生产的积极性就提高了，利润当然也增加了。

内迁合肥前，华丰面粉厂在上海生产的面粉是"财神"牌，后来迁到了合肥，就没有了牌子，直到1986年，合肥面粉厂又从瑞士布勒公司引进了一批新的机器设备，成立了新的车间，才取名为"雪花"牌。同时随着生活水平的提高，人们对面粉质量的要求也相应提升，于是过去的"八一面"跟不上时代需要，取而代之的是更高精细度的面粉，现在的小麦出粉率大都是60%~70%。

合肥面粉厂生产车间

应该说，合肥面粉厂的建立，不仅解决了合肥地区的民生问题，还促进了周边几个工厂的发展。早在1958年，厂里建起了两座小高炉，此后又建立了翻砂车间，利用高炉炼出的铁水浇铸电动机外壳和面粉生产过程中的缝口机机架，同时还浇铸各种规格的皮带盘毛坯以及各种绞龙支架和挂脚。后来合肥面粉厂的设备有部分是从国外引进的，20世纪70年代中期，美国专家亨利专门考察了厂里，对合肥面粉厂机械设备的保养工作啧啧称赞，说保养方式得当，工人的操作经验丰富。

在完成自身工作的同时，合肥面粉厂还有一套完备的修理机器规程，在合肥也发挥了重大的作用。那时刚刚兴起的搪瓷厂、制药厂等设备还都不完善，需要厂里为他们修理和维护机器。当时和平路上有一家软木厂，就是合肥面粉厂帮他们解决了通风设备的难题。因为合肥面粉厂有一个7米长的车床，能够生产其他厂家无法生产的大型部件，所以过去合肥面粉厂是享有很高声誉的。

很多人都想进面粉厂

据邓光祖回忆，因为面粉厂的效益不错，他们的福利待遇在东门工厂一带也是比较好的，逢年过节都会发放不少生活用品，工作相对来说又比较轻松，所以，当时有不少人都想找人进面粉厂工作。

合肥面粉厂职工的业余文化活动也开展得不错，邓光祖还记得在他们厂对面有个三联学校，他们白天劳动，晚上就上夜校，补充文化知识。厂里曾成立过一个小剧团，让职工们自娱自乐，下乡演出，让一些管理调度、平时不与外界接触的人也能在繁重的工作之余放松一把，只可惜到了1962年小剧团就停办了。

改革开放后，特别是1984年进行企业整顿和试行厂长负责制以后，企业生产管理逐步完善合理，生产的面粉质量也明显提高，全年共生产面粉64749吨，工业总产值2151万元，实现利润116.18万元——是迁厂第一年的11.6倍。标准粉被评为全省同行业优质产品，1984年合肥面粉厂被评为合肥市"最佳经济效益单位"。

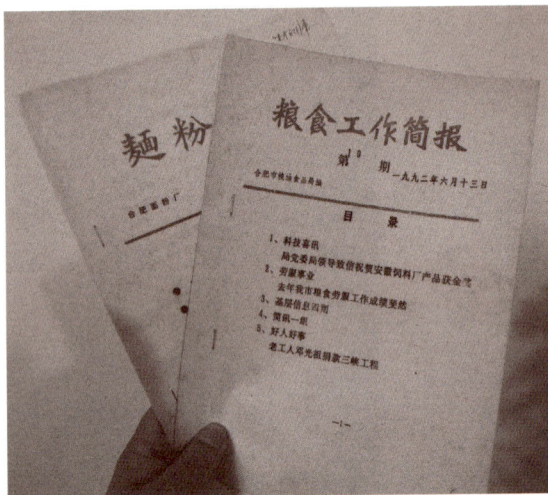

合肥面粉厂工作简报

　　1986年，安徽省粮油食品局拨专款对合肥面粉厂原有的美国"狼"牌制粉设备进行了更新改造，实现了全部设备国产化，调整了工艺流程，使生产能力大大提高，当年就实现利润150.02万元，到1987年实现利润215.89万元，再创历史最高水平。1986年，合肥面粉厂又从瑞士布勒公司引进一条年产8.6万吨的等级粉生产线，并于1988年年底正式投产。该生产线建成投产后，有3项产品填补了安徽省的空白。合肥面粉厂的面粉产量、品种在全省同行业中独占鳌头，成为江淮地区面粉生产的重要基地。1992年10月，随着改革的不断深入，合肥面粉厂成立了合肥市面粉公司，形成了产、供、销一条龙的经济实体。

　　1997年，因为内部和外部的诸多原因，合肥面粉厂生产陷于停滞，前途岌岌可危。于是在省市领导的支持下，合肥面粉厂与双墩面粉厂实行资产重组、股份合作。作为面粉厂的老职工，邓光祖听到消息后，就把自己精心培育多年的一盆米兰，送到了正忙于企业改制的筹备组办公室，代表了他和工友们对企业改制再生的美好祝愿。的确，虽然合肥面粉厂完成了它的历史使命，渐渐从人们的脑海里淡去，但它作为较早内迁合肥的企业，见证了合肥工业发展的历程，是不能被忘记的。

合肥永康食品厂：曾设内部银行

合肥永康食品厂位于三里街天长路16号，是20世纪八九十年代合肥市主要食品生产厂家之一。

据档案记载，合肥永康食品厂建于1953年，原名是合肥市合作总社食品加工厂，刚建厂时厂址在淮河路255号，1954年迁至逍遥津公园附近，1956年时才迁至天长路，改名为合肥永康食品厂，划属市轻工业局。1960年至1963年，合肥新新食品厂、康乐饴糖厂和水果加工厂先后并入，扩大了该厂的规模。到了1983年，合肥永康食品厂成立了6个分厂，建立两级核算机制，并设立了在当时很少见的内部银行，层层实行承包。

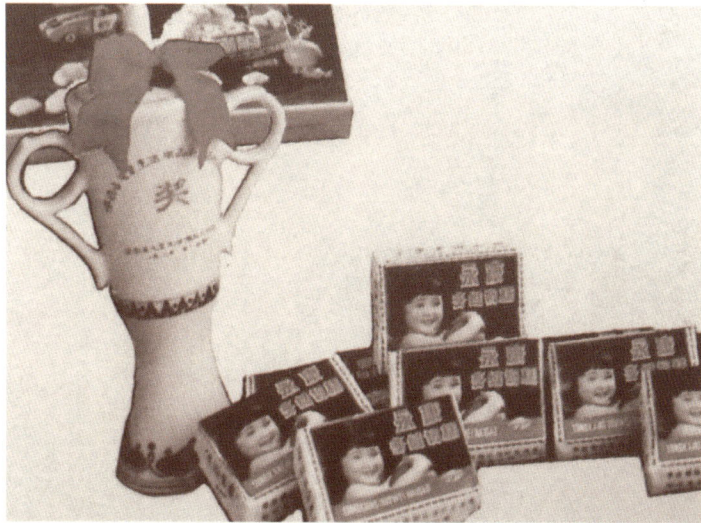

合肥永康食品厂生产的儿童产品

1984年8月，合肥永康食品厂实行厂长负责制，并从国外引进了花脸雪糕和儿童干点机设备，对饼干生产线、奶糕生产线进行了改造。这些举措使得该厂新品频出，经济效益大大提高，第二年就有1个产品获全国儿童食品"金鹿奖"、2个产品获部优、3个产品获省优、10个产品获全省儿童食品"优秀奖"等。在20世纪80年代中期，合肥永康食品厂主要产品有糖果、糕点、饼干、饮料、冷饮、代乳品、人造奶油等6大类260多个品种，年产值850万元，上缴利税98万元，定额流动资金周转天数70天。

合肥酒厂：在全国有一定影响力

1949年10月，几乎和共和国建立的同时，合肥的白酒酿造也开始了，成立了我国最早的白酒酿造企业之一，只不过一开始厂址位于安庆路，企业的名字叫安徽省轻工业厅酿酒试验厂，只有职工9名，年产50吨46度小曲

合肥酒厂技术人员正在检验

合肥酒厂生产的"合肥薯干白酒"获奖

酒。1953年，酒厂迁至蚌埠路，正式命名为合肥酒厂，生产转为半机械化、机械化作业，规模有所扩大，年产量达到1000吨左右。

让人骄傲的是，1963年，合肥酒厂采用自己首创的"配醅清蒸操作法"生产的"合肥瓜干酒"，获国家银质奖，第二年轻工业部将此法推广到全国。1976年，合肥酒厂先进的大曲酒车间建成投产，这一年他们还对普通白酒生产工艺进行改革，研究出"固液勾兑"新工艺，在全国同行业中迅速得到推广运用。而且，作为全省酿造工业的技术研发、监控中心的安徽省工业发酵情报站就设于该厂，酿造人才汇聚，技术力量雄厚。其产品多次荣获国家部优产品、省优金奖产品称号。

党的十一届三中全会以后，合肥酒厂和肥东酒厂又联营新建了年产500吨优质酒车间和大曲酒车间，并安装改进了多个先进生产设备。有数据表明，到1985年左右，合肥酒厂的产品由原单一的普通白酒，发展至优质白酒、果露酒、酒精等7个规格13个品种，使得合肥酒厂成为全国较有影响的中型酿酒专业企业。

第九章

开创先河与人民大会堂中的沙发

——记忆中的家具建材企业

> 　　虽然一开始是由只有4名职工发展起来的企业，但在发展的过程中，坐落于原明光路72号的合肥木材厂却越来越壮大，为合肥的城市发展提供了很强的基础建设保障。而且，从合肥木材厂的发展历程中，我们能"管窥"国家大政方针的变迁。

合肥木材厂：政策变迁的见证者

合肥市木材工业公司的发展

　　说到合肥木材厂，首先我们要了解一下其上级机构合肥市木材工业公司。

　　据档案记载，合肥市木材工业公司的前身是合肥市木材公司，成立于1953年10月。经过20多年发展，改革开放后为适应形势需要，1980年年初在合肥市木材公司的基础上，成立合肥市木材工业公司，作为专业经销、加工木材的国营公司，统管合肥地区的木材加工和木材供应业务。同时，中国木材公司又在该公司设立中国木材公司合肥供应站，统管中央划转木材供应业务。

　　当时，合肥市木材工业公司下辖合肥木材厂、合肥刨花板厂、明光路经营处、亳州路木材经营处、合肥丰华木材制品厂、合肥木材综合厂、木材联营处、合肥林化产品采购供应站、汽车队和装卸队等单位。据合肥市木材工业公司的老职工回忆，当时公司设有明光路、界首路等3个货场，其中陆路货场2座，还专门设有铁路专用运输线500米；水路货场1座，能停靠排筏和船只。水陆运输都比较便利。

　　公司主营的品种有国内外原木、原条、专用材、林化产品，板材、方材

繁荣的合肥木材厂明光路货场

木制品，木材综合利用产品，刨花板、板式组合家具和粘胶剂等。"当时在国内木材采购区，南为皖南和江西、福建、湖南、四川、贵州、广西等省区林产区，北为吉林、黑龙江、内蒙古等省区林产区。"在20世纪80年代中期，公司一年的产值就达到了23494多万元，实现利润300.64万元。这在当时是不简单的。

统购统销时代的合肥木材厂

作为合肥市木材工业公司所属的企业之一，合肥木材厂坐落在明光路72号。这个厂的前身是合肥市木材公司木材综合加工厂，始建于1958年11月，当时全厂只有4名职工，1961年改称合肥市木材公司加工厂。

据了解，20世纪60年代中期，合肥木材厂产品更新变化很大，主要以生产包装箱材、基建用材、农业用材、维修用材为主；一直到70年代，产品产量都较为稳定，生产规模也基本定型。让现在不少人疑惑的是，其历年制材产量都保持在7000至10000立方米，这是为什么？

原来，这涉及当时国家对木材实行的一项政策——统购统销。

众所周知，在新中国成立之初，我国经济建设百废待兴，木材在当时是主要原材料之一，工程建筑、工业生产对木材消耗量极大，需求急剧上升。而当时我国森林覆盖率只有8.6%，木材供需矛盾突出。因此，木材节约代用工作受到了国家领导人的高度重视。1951年，周恩来总理亲自签发中央人民政府政务院关于节约木材的指示，要求各级人民政府严格审查木材使用单位的需要计划。

为了做到这一点，从1953年起，国家出台了木材统购统销政策，即由国家木材经营部门统一组织全国木材的收购、分配、订货和调运，并统一制定木材价格，统一管理全国木材市场。比如，在南方集体林区，由国家有计划地收购木材，供应国家和市场需要，控制木材商投机倒把。木材的生产和流通业务最初由林业部门统一管理，1960年8月改由物资部门管理；1971年

合肥木材厂生产的包装箱

4月，木材的分配计划和调运业务再次归林业部门管理；但到了1977年这一业务又划归物资部门，一直到1979年左右木材统购统销政策放开。

"这种情况下，我们厂生产用的包装箱材、基建用材等都是国家按计划从全国各地拨付的，然后通过铁路专用线或水路船只运到合肥，我们再去提货。"合肥木材厂的一些老工人回忆说，"那可不像现在，多一立方米都搞不到的。"

合肥木材厂的一些老工人还说，20世纪六七十年代，他们运输木材还主要是靠人工，小的8个人抬，大的16个人抬，然后先用圆锯加工成一截一截的，堆成堆。"当时虽然活有些累，但一些亲戚朋友都还是好羡慕我们在木材厂工作，工资不低，又干的是外面人轻易接触不到的'紧缺物资'木材，所以很多人打破头想挤进我们厂。"

顺应市场的合肥木材厂

改革开放后的1980年，国家逐步取消了林区的木材统购统销政策，1985年起实行议购议销。集体林区全面开放木材、竹材交易市场，允许农民将自产的木材、竹材在市场上销售，允许国有林场利用伐材开展林、工、商综合经营，林场可以有偿自由转让，国有林业企业可以发展木材综合利用和多种经营，产品自由销售。

在新政策的鼓励下，合肥木材厂的木制材产量很快突破了10000立方米，在合肥市木材加工业中名列前茅。1980年，木材公司加工厂改为市木材第二加工厂，1983年改用合肥木材厂这一厂名。"在国家计划指导和保护森林资源的前提下，我们厂通过补偿贸易、联合经营、委托代销、按需加工、定点供应、技术协作等多种形式，加强了与需材单位之间的横向经济联系，还通过参加一些全国范围和地区性的林产品交流会来促进木材流通。"

的确，为了加工从北美进口的大径级木材，1984年，合肥木材厂自行安装了MJ3212型带锯机及行车全套半自动生产线。为适应木材市场日趋活跃

合肥木材厂的运输专列

的新形势，厂里还对主要生产车间实行经济承包责任制，以增强职工积极性；同时，根据加工需要，采取增加生产班次等措施，以提高经济效益，在1985年被评为全省锯材质量第一名，从而为合肥的城市发展提供了很强的基础建设保障。

合肥木材厂走上了发展的快车道，合肥市木材工业公司的发展当然也不会慢。

20世纪80年代初，合肥市木材工业公司不仅对原机械设备进行了革新改造，而且从1982年开始组织外汇，进口产于北美的花旗松、铁杉，以及产于东欧的苏松和产于东南亚的什木高级建筑材料，供应市场，解决用户急需；同时，与吉林省三岔林业局建立购销联营处。

在20世纪80年代中期，合肥市木材工业公司又成立了合肥地区木材贸易中心，先后在市区、郊区及市属三县建立了20余个木材供应门市部和销售点，经营原木、原条各种制材、修补小料和普通适用于小型家具、农具的木制品，并按照木材等级计价，做到级、码相符，让顾客有了更多的挑选。这些都使当时的合肥木材市场朝着更好的方向发展。

在老合肥人的记忆中，位于天长北路，建于20世纪50年代、盛于80年代的合肥木器厂是挥之不去的。它不仅是当时安徽仅有的两家家具厂之一，而且产品连获全国大奖，更重要的是，人民大会堂安徽厅的沙发、椅子等家具就出自这个厂。

合肥木器厂：曾为人民大会堂做沙发

第一个生产沙发的企业

关于合肥木器厂的前身，据聂广有、严传林、孙贤启、王诗荣、朱广源、孙余正等一些老工人回忆，是1952年左右从政府接收的解放前一位资本家的木器行兴建起来的；1954年秋正式扩建为木器厂，起初厂址在繁昌路中段；1955年上海内迁一模型厂与其合并，改名为地方国营木器厂；1956年迁往三里街天长北路，开始大规模生产。

据聂广有、严传林等老工人回忆，早期的木器厂主要生产桌、椅、床架几个品种。20世纪50年代末，产品发展到13种。1959年，合肥木器厂开始生产沙发，是安徽省第一个专业生产沙发的厂家。而在当时，安徽全省仅有2家专门生产家具的国有企业。60年代中期，合肥木器厂开始承做省市宾馆、饭店家具，生产初具规模，例如，稻香楼宾馆、江淮旅社、望江饭店等单位就曾大量使用其制作的精美家具；在这期间，其还研制生产了各种柜式、板式、组合式以及凸凹式、捷克式套装家具和坦克式、航空式、组合多用沙发等新产品，并开发了书房家具、办公家具等，以及各种软件家具。"当然那时最受市民欢迎的还是我们做的梳妆台、书橱、衣架、写字台、西服柜等产品。"

1978年，合肥木器厂开始试制套装家具，并投入批量生产。早在1982年，合肥木器厂的产品就销往美国了，成为合肥市较早出口产品的企业之一。当时厂区面积已达4.3万平方米，厂房面积有2万平方米，专用设备有100多台。"1986年左右，我们厂产品已发展到桌椅、柜橱、书架、床、软垫和沙发几个大类计300多个品种，可为家庭、机关、院校、高级宾馆等生产各种花色的家具。"老工人们的说法印证了当时的一组数据：20世纪80年代，合肥木器厂年产各式家具2.61万件，销售总额296万元，完成工业总产值253万元。

"除了沙发、桌椅等家具外，我们厂还做过刨花板、炮弹箱、防火门和扇子等与木器相关的一些产品。虽然不是主业，有的生产时间也不长，但我们研制生产起来都是很认真的。"老工人们说，"比如，为了做好折叠扇，厂里还专门派技术员去外地学习了一个多月。"

曾为人民大会堂做家具

由于上海一模型厂的并入，合肥木器厂获得了来自上海的设计理念和技术指导，再加上工人们自身的努力，因此生产出来的家具有模有样，质量非常好，几十年不坏，在评比中屡获大奖。"我们家至今还在用木器厂上世纪80年代生产的书架、壁橱等家具，质量非常好，没有什么问题。"不少老职工还拿出了当年一些产品获奖证书的照片：双人中级床获1982年华东地区家具质量评比第二名；"双梅"牌80-13型中级套装家具获1983年省优质产品、轻工业部"部优产品"；"双梅"牌81-14型普套家具获1985年省木家具质量评比第一名、全国木家具质量评比三等奖……

特别是"双梅"牌80-13型中级套装家具，是由大衣橱、小衣橱、西式床、床头柜、写字台、方桌、软椅（两把）、饰品柜、梳妆台、梳妆凳共10样11件组成，板框结构，板面采用三胶板双包镶，外表用料为优质水曲

合肥木器厂的部分产品

柳，迎面覆贴水曲柳薄片，表面涂饰优质树脂漆，并采用金属拉手，有金属条镶嵌。据老工人介绍，整套家具不仅有耐酸、耐碱、耐高温等优点，而且造型朴实大方，线条挺拔流畅，色泽柔和光亮，花纹美观清晰，曾获安徽省优质产品称号，在历次省家具质量评比中名列第一，还被当时的轻工业部授为"部优产品"。

当然，最让合肥木器厂自豪的是，他们曾于1959年、1980年两次为人民大会堂安徽厅承制沙发、椅子等家具。1959年人民大会堂建成，各大省厅都要配备一些沙发、椅子等家具。安徽厅的家具当时就由省委主要领导指定合肥木器厂来做。厂里要制作100件沙发、椅子及茶几等，时间十分紧张。特别是当时厂里的油漆工才几十人，光油漆这些家具就要好长时间。于是这些油漆工同时开工，加班加点，花了足足一个多星期才漆好这批家具。这批家具在结构上，将传统家具工于雕刻和现代家具线条明快的优点兼收并蓄；在装饰上，把仿古家具的古木色与现代家具的冷色融为一体，造型古朴庄重，清秀典雅。相关领导看了后很是满意。合肥木器厂还为这批产品提供了优质的售后服务，到20世纪90年代，厂里每隔两三年便会派工人去人民大会堂对安徽厅的家具进行检查维修。

除此之外，合肥木器厂还为许多重要人物做过家具。例如，为领导人专用火车车厢制作全套座椅；专门为一位高个子者做了一张大床，解决其多年没有合适的床睡觉的问题；1988年还为实现中国奥运金牌零的突破者许海峰制作了一套家具。

"一票难求"好产品

因为质量好，又获奖无数，合肥木器厂渐渐有了名气，当然也引来了不少客商。据老工人回忆，有一位香港商人慕名想找厂里定做百余张折叠沙滩椅，从材料到工艺要求都非常高。合肥木器厂一开始不想接这个生意，无奈这个商人非常有耐心，前前后后足足联系了一个月，厂里才答应下来。因为这位商人要求木材光洁纯净，不能有结疤，而且不能延误工期，于是厂里就进口上等木材，精挑细选，认真制作，在约定日期前几天通宵赶工，终于在约定日当天早晨将百余张折叠沙滩椅送往码头。香港商人收货后非常满意。1990年9月28日，外国商人也慕名来到合肥木器厂进行考察研究，想要与合肥木器厂进行合作。

如此高质量的产品自然受到了青睐，人们纷纷想从合肥木器厂购置一套家具。然而在计划经济时代，物资匮乏，人们买任何东西都是凭票，合肥木器厂的家具票更是一票难求。所以那时候合肥木器厂的工人最"苦恼"的一件事就是，时常有熟人找他们"走后门"买家具。但哪能容易买到呢，于是不少人想出了一个"以物换物"的办法：冰箱厂的用冰箱票换家具票，电风扇厂的用电风扇票换家具票，灯泡厂的用灯泡票换家具票。总之，不少人用尽一切方法都想买到合肥木器厂的家具。

如今，合肥木器厂虽然已经不复存在，工厂的样貌、内在环境、操作流程也见不到了，但老工人们的讲述、依然在使用的家具，向人们诉说着合肥木器厂曾经的荣耀和辉煌。

　　1954年建于和平路的合肥软木厂看似不起眼，却创造了多项纪录：不仅开创了我国国营软木生产的先河，产品多次填补了安徽省空白，更是在安徽省较早实行"校企联合"；而且，企业文化红红火火，工人出演热门话剧主角，并从此走上艺术之路……

合肥软木厂：环保产品的"先行者"

开创我国软木生产先河

　　1954年9月，由国家投资19万元开始筹建合肥软木厂，厂址位于当时的和平路35号，至1956年4月1日正式投产。可别小看了这个合肥软木厂，它可是我国专业生产软木产品最早的国有企业，开创了我国国营软木生产的先河。

　　肯定有很多人不大明白何谓软木，也不知道软木厂的产品主要有哪些。其实，严格地说软木不是木，它取材于栓皮栎和栓皮槠的外层树皮，这种树属橡树的一种，是目前世界上最古老的树种之一，距今已有6000万年历史。最为奇怪的是，这种树剥了皮不但不死，而且可以天然再生，就像"剪羊毛"一样，对自然环境不产生任何破坏。因为其质地轻软，故而俗称软木。

　　合肥软木厂的软木产品就是采用天然原材料栓皮栎的外层树皮制成，具有绝缘、隔音、保温、防震等特殊性能，化学稳定性好，有软木砖和软木纸两种，后来又生产酚醛塑料粉（电木粉）以及聚氨酯皮革涂饰剂和酚醛树脂等产品，按当下时髦的说法就是"环保产品"。

在安徽较早实行"校企联合"

　　作为合肥软木厂一段时间的主打产品，软木砖和软木纸一直受到广大消费者的喜爱。

　　据厂里的老工人介绍，他们生产的软木砖导热系数不大于0.04千卡/米·时·度，抗弯强度不小于2千克/平方厘米，吸水率不大于36%，吸湿率不大于3%，是修建冷库、冷藏库、保温室、隔音室等建筑的一种优良绝热、保温、隔音材料。他们当时生产的软木砖，除供应国内之外，还曾多次出口到苏联和东欧国家。他们生产的软木纸，耐沸水性不小于6小时，永久变形不大于17%，含水量不大于10%，适合用于机电、机械设备的衬垫、隔音、保温和制造软木塞等。"我们生产的中细软木纸在上世纪80年代中期就被评为市优质产品和省优质产品了。"

　　除了生产软木砖和软木纸外，1968年合肥软木厂还成功试制出了塑料建材——酚醛塑料粉，再一次填补了安徽省的空白。

　　酚醛塑料粉俗称电木粉，是以酚醛树脂为基材的塑料的总称，是最重要的热固性塑料的一类，广泛用作电绝缘材料、家具零件、日用品、工艺品等。合肥软木厂生产的酚醛塑料粉，就是以酚醛树脂或其改性树脂为基材，根据不同用途加入相应有机和无机物填料制成的粉状塑料粉。其中有多个型

合肥软木厂生产的软木纸

号酚醛塑料粉被评为省优产品。

在此基础上，合肥软木厂又生产了酚醛树脂和氨基塑料粉。其中酚醛树脂是以苯酚与甲醛合成反应，根据不同需要在碱性和酸性催化剂作用下所生成的不同型号的树脂。而氨基塑料粉则可制电器配件、文教用品、电话机、食具、台铆、仪器、仪表外壳及各种儿童玩具。

正因为合肥软木厂有如此不俗的表现，早在1958年4月，中共中央副主席、中华人民共和国副主席朱德来安徽视察时，就参观了合肥软木厂，对合肥软木厂的系列产品赞不绝口。

1984年，合肥软木厂与安徽大学应用化学研究所组成"教学、科研、生产"联合体，共同研制水乳型聚氨酯皮革涂饰剂。合肥软木厂也因此成为安徽较早实行"校企联合"的典范。也就在这一年，合肥软木厂获得了合肥市最佳经济效益单位的荣誉称号。第二年，其更因利税超百万元受到市政府表彰，这大大激发了职工的积极性。

据合肥软木厂的老工人介绍，20世纪80年代中期，他们厂还开发生产了皮革涂饰剂的第二代产品和国际流行的液体皮鞋油以及橡胶软木纸等。而到了1990年，软木砖产量已突破5000立方米，软木纸产量达500立方米，酚醛塑料粉达3000吨，皮革涂饰剂达500吨，产值达1200多万元。在当时来看，这是不小的成绩。

工人出演热门话剧主角

1978年，由上海市工人文化宫业余话剧队创作、编排的话剧《于无声处》是我国话剧史上的经典作品，它不仅对于丰富群众文化生活起到了有效的引领作用，更在艺术领域、思想领域和社会领域都产生了广泛而深远的影响。这之后不久的1978年11月，刚刚恢复活动的合肥市文化馆话剧训练班用了不到半个月的时间，就赶排出轰动京沪的话剧《于无声处》，公演后社会反响热烈，得到时任安徽省委书记万里的表扬。

20世纪80年代的合肥软木厂

　　当时参加《于无声处》这一热剧演出的全部是业余演员，剧中主角之一欧阳平的扮演者就是合肥软木厂的工人陆纯昌。陆纯昌自小就喜欢话剧，在工作之余也醉心于话剧表演。当《于无声处》挑选演员时，有人就推荐了他。导演邵剑真让他试演后，感觉很不错，于是就敲定了让他演欧阳平。陆纯昌的确没让大家失望，在剧中很好地刻画了欧阳平这个人物形象，特别是话剧最后欧阳平那句呐喊——"人民是不会沉默太久的"，被他表演得淋漓尽致。

　　以此话剧为突破，陆纯昌后来考取了解放军艺术学院，毕业后演的第一个角色就是话剧《高山下的花环》中"雷厉风行"的雷军长。

　　其实，合肥软木厂建厂之初文化生活就很丰富了。1958年至1961年，合肥市文化馆根据工厂开展职工群众文化活动的需求，将各相邻的工厂划分组成工厂文化协作区。合肥软木厂也在其中的一个协作区内。当时协作区内的各厂分别组织职工文艺活动，这些文艺节目除在本厂演出外，还在协作区内各厂交流演出。这样就保证了各厂周末晚会的正常演出，充分满足了职工群众的文化需要。这一做法不仅受到省文化局的重视，大力推广兴办工厂文化协作区的经验，而且受到了文化部的表彰和奖励。

1958年建成的合肥水泥厂，结束了合肥无水泥生产的历史；1976年建成的合肥大兴水泥厂，则沐浴着改革开放的春风强势发展……作为基础设施建设重要物资的生产者，这两个位于合肥东城的水泥企业，为合肥的城市建设和发展做出了不可低估的贡献。

东门的两个水泥厂

开创了合肥生产水泥的历史

虽然说合肥水泥厂是1958年建设的，但其实在1954年，合肥水泥制品厂就建成开始生产了，只不过那时基本上是手工操作，主要产品为无筋涵管、窨井盖及混凝土等。

正是在这个厂的基础上，1958年合肥市政府投资53万多元在明光路137号筹建合肥水泥厂。在新中国成立之初经济还很困难的时候，国家能够投资这么多钱来建水泥厂，足见当时水泥在国民经济中的重要性。

而这也和当时的国情是相符的。1953年，我国步入了第一个五年计划。为了适应国家经济建设发展、保证国家基本建设的需要，我国高度重视水泥建设，集中人力、财力和物力建设了多个水泥厂。数据表明，到1957年我国水泥产量达686万吨，比1952年增长了140%。合肥水泥厂就此"应运而生"。据档案记载，合肥水泥厂建厂初期采用人工搅拌、手搓成球、牛马拉碾等土办法生产水泥，是安徽省水泥厂中最早用土法生产水泥的企业。

1960年，合肥水泥厂的制作工艺改成了更为先进的"两磨一烧"，即生料粉磨、熟料煅烧、水泥粉磨。而这种工艺在当时是国家大力提倡和推广

合肥水泥厂所获的部分荣誉

的，因为这种方法具有能耗低、用电少、不用硫酸和可利用中低品位磷矿的优点。但一波三折，正在职工加大干劲的时候，1962年合肥水泥厂又停产了，人员下放。这是为什么呢？

原来，经过几年的建设和重视，我国的水泥工业得到迅速发展，1960年水泥生产能力达到1100万吨；而且在学习借鉴国外先进经验的基础上，我国还开发研制了国产水泥制造设备，走上自力更生的道路。但接踵而来的是三年困难时期，加上水泥产能的不断增加，1961年，我国开始在水泥行业贯彻执行"调整、巩固、充实、提高"的方针，对基本建设项目进行了压缩，停建、缓建了一批项目。所以，合肥水泥停产了，但好在第二年就恢复了少量水泥生产。

水泥供不应求

作为国家建设最基本的物资，水泥的重要性是不言而喻的。因此，合肥水泥厂一直在对技术进行改造和创新，以期提高产量和质量，例如，1964年对水泥生产的粉磨、煅烧、烘干3个工段进行改造，更新部分老设备；1972年又建成4座容量500吨的熟料库，完善了熟料运输工艺线，大大提高了水

合肥水泥厂的产品

泥的年产量。应该说，在当时国家统配水泥供应不足的情况下，合肥水泥厂生产的水泥为我国城乡基础建设做出了重要的贡献。

1978年，党的十一届三中全会做出了把工作重点转移到以经济建设为中心的战略决策。当时，国家大规模的基本建设急需水泥，市场供需矛盾非常突出。针对全国水泥工业的问题，1978年国务院批转了国家计委《关于加速发展水泥工业的报告》，追加了对水泥工业基本建设投资，并在新成立的建筑材料工业部专门内设了水泥局，随后全国各地相继成立建筑材料工业局，加强了对包括水泥在内的建材工业发展的领导。

在这一形势的带动下，1978年合肥水泥厂进行技术攻关，新建了一座塔式机械化立窑，自制了2台磨机及其配套水泥生产设备，使"生料制备、熟料煅烧、水泥粉磨、水泥包装"这一水泥出厂的生产工艺全部实现机械化。到了20世纪80年代初，合肥水泥厂生产的较高标准的425号水泥占到了年产量98%以上，并且根据市场情况生产诸如道路V型高强水泥等特种水泥和定型水泥的生产设备及其配件等。

但即使是这样，水泥依然是供不应求。"我们不仅'三班倒'歇人不歇机器，而且时常加班加点开足马力，但来厂里买水泥的车队每天还是排起了'长龙'。因为我们厂离火车站和汽车站都不远，交通也方便，所以好多人为了搞到几十吨水泥，不惜跑了好多趟。"说起当年产品的红火，不少老工人至今回忆起来还是充满了自豪。

　　这样"抢手"的产品自然给合肥水泥厂赢得了不少荣誉，这个厂不仅多次被评为安徽省小水泥质量先进单位，而且在1984年、1985年连续获得安徽省及合肥市最佳经济效益和文明单位称号。这在当时的企业中是不多见的。

水泥厂有专门的码头

　　其实，在20世纪七八十年代，合肥东城除了合肥水泥厂外，还有一家水泥厂也很红火，那就是合肥大兴水泥厂。

　　大兴水泥厂位于东郊大兴集，是一家乡镇企业，隶属于当时的郊区乡镇企业局。1976年，合肥大兴水泥厂建成投产，一开始有职工100余名，主要产品是利用矿渣、电石灰、煤渣生产的无熟料水泥、矿渣砌块和水泥瓦等产品。应该说，大兴水泥厂的建设赶上了改革开放初期国家大规模基本建设急需水泥的大好时机，但由于当时乡镇企业刚刚起步，加上企业内部管理不善等，大兴水泥厂建厂初期经济效益并不是很好。

　　到了20世纪80年代，随着乡镇企业的蓬勃发展，特别是一些调动职工积极性的经济责任制等在全市开始试行，大兴水泥厂对3个水泥生产车间实行经济承包试点，和承包人签下"军令状"，奖罚分明；并且对技术人员和

合肥大兴水泥厂

重点岗位的操作工进行业务考核、培训，造就了一支技术骨干队伍。通过这一系列措施，1985年，大兴水泥厂的产量超计划10%，产品合格率达100%，被评为安徽省乡镇企业优质产品。

1985年后是我国水泥工业又一个蓬勃发展期，这一阶段国民经济高速发展，水泥供求矛盾再次突出，但国家缺乏资金投入，在此情况下，包括乡镇企业的各种地方水泥生产企业异军突起，立窑得到爆发性的发展。有数据表明，1985至1995年，全国水泥产量增长了32996万吨，达到了47591万吨，完全满足了市场需求。因此，这一时期的大兴水泥厂发展如虎添翼，作为我国水泥工业经济主体中的一分子，对国民经济发展贡献不小。

今天，我们可以从两个细节中看出大兴水泥厂当时的强大：一是在20世纪80年代中期，这个厂就通过自筹和地方集资等方式，一次性投资1300万元对老生产线进行扩建。1300万元，在当时可是一笔不小的资金。二是因为大兴水泥厂在巢湖边上，为了运输的方便，厂里有一个水泥专运码头，现在还有不少当地老人记得那个码头，一旦水泥装好船向外运输，那场面非常壮观。

众所周知，作为国民经济中基础建设的重要物资，水泥一直起着不可替代的作用。也正因为如此，国家才多次在关键时刻大力发展水泥产业。1973年，省建水泥制品厂的合肥中转库的建成，就是一个很好的例证。据档案记载，1975年10月，国家首批分配给安徽省的6辆K15型铁路散装水泥货车到达安徽，当年就从合肥水泥厂和大兴水泥厂等企业向中转库运送散装水泥，开创安徽省运送散装水泥的历史。而到了1987年，安徽各地市先后正式成立了推广散装水泥机构，在县内主要集镇设散装销售库，建立散装水泥农村供应网点，便利农民购置，使地方小水泥的散装工作得到很大推进。数据表明，1988年全省小水泥的散装量已上升到20万吨以上，其中，合肥水泥厂和大兴水泥厂的产品占了不小的比例。

所以我们说，合肥水泥厂和大兴水泥厂这两个合肥东城的水泥企业，为合肥的城市建设和发展真正起到了"添砖加瓦"的重要作用。

延伸阅读 》》》》

合肥家具厂：钢木家具"领头羊"

合肥家具厂位于合肥市天长路3号，隶属于当时的合肥市家具工业公司，是安徽省内生产钢木家具最早、产量最大的企业。

据档案记载，合肥家具厂的前身是建于1954年的合肥藤棕生产组，当时主要生产藤棕家具；1955年至1971年间，先后与合肥西市区国营友谊藤棕厂及人民木器厂合并，不久又划出；1971年，转产钢木家具；1972年，与合肥竹器厂合并，成为合肥家具厂；1976年，藤棕车间划出单独成立合肥藤棕厂；1979年，撤销竹器车间，合肥家具厂由此成为生产钢家具和钢木家具专业厂。

作为安徽省内生产钢木家具最早、产量最大的企业，在20世纪80年代中期，合肥家具厂的产品就有钢丝床、铁皮床、方桌、圆桌、折椅、茶几等40多个品种，特别是该厂生产的烤漆圆折桌，是由钢管桌架与刨花板桌面两个部分组成。桌面采用刨花板胶贴塑面，光滑平整、耐磨耐烫。产品具有式样新颖、折叠灵活、轻便耐用等优点。1981年至1985年，其连续多次获安徽省同类产品评比第一名；1985年又获全国同类产品评比二等奖，并获安徽省优质产品称号。

党的十一届三中全会以后，合肥家具厂还创新了一些做法，最主要的就是把原生产股调整为生产计划、工艺设备、技术检验3个科；供销股分为供应和销售2个科；在车间、班组中建立全面质量管理体系，坚持首开检、中间检和完工检相结合的办法；在全国建有100多个销售网点，使企业与市场保持有机的联系，保证市场供应。当然，这样做的效果也是很明显的，产品不仅远销新疆、辽宁、甘肃、河北、江苏等省、自治区、直辖市，真正成为全省家具企业之首，而且获安徽省创最佳经济效益银杯奖。

不仅如此，合肥家具厂还成立了技术小组，对旧设备进行改造，革新技术项目80多个，主要包括卧式全自动弯管机、涨簧机、单面压力机、铣槽机、异形弯管机、液压双头弯管机、床横头压形机等，其中涨簧机提高了工效15倍，液压双头弯管机填补了安徽的技术空白。

合肥碳酸钙厂：填补空白而得名

合肥碳酸钙厂又名合肥郊区石灰厂，位于明光路二号门，是化工建材产品综合性专业生产厂。

合肥碳酸钙厂创建于1956年2月，一开始以经营煤灰、黄沙为主；1958年建土窑几座转产石灰，以手工操作为主，年产石灰1000吨。为了发展石灰生产，合肥碳酸钙厂从1966年开始筹建机械化立窑，1970年试产碳酸钙，不久年产量达1000余吨。这项技术填补了合肥市一项空白，因此增挂

合肥碳酸钙厂厂区一角

合肥碳酸钙厂厂牌。

　　众所周知，在建筑材料中，由于化学建材发展极快，在很多方面可以代替钢材和木材，所以化学建材与钢材、木材和水泥并列，统称为"四大材"。而化学建材就是以碳酸钙为主要成分，一般用量在30%~90%，所以碳酸钙在化学建材中占有极为重要的地位。合肥碳酸钙厂顺应了这一发展形势，早在1980年生产的碳酸钙就被评为合肥市优质产品，在省内享有较高信誉。但由于产量有限，出现了供不应求的状况。

　　于是在1983年，合肥碳酸钙厂添置了设备，改人工操作为机械生产，效率提高不少；特别是在1984年7月，厂里开始对碳酸钙车间进行责任承包，充分调动员工的积极性，产量大大提高，6个月生产2154吨，比承包前6个月增产了79.5%。在此基础上，厂里又开始实行职工40%浮动工资制，以再次提高职工的积极性。20世纪80年代中期，因石灰滞销，厂里又适时降低了产量，同时增加了当时流行的石灰膏产品，既方便了用户，又提高了销售额。与此同时，该厂又增加设备，形成了年产1万吨碳酸钙的规模，到1990年时就实现工业总产值200万元。

合肥建筑材料四厂：创新产品赢市场

　　合肥建筑材料四厂位于明光路二号门内，是合肥市建筑材料工业公司所属全民所有制企业。20世纪80年代中期，其主要产品有石灰、建筑装饰涂料系列和PRC塑料污水管管材、管件系列等。

　　合肥建筑材料四厂前身是合肥石灰窑厂，始建于1956年，一开始有10座生产石灰的土窑，手工操作露天作业，而且是季节性生产，年产石灰只有4000余吨。随着石灰需求量的增大，1964年土窑改为立窑，实现了半机械化生产，且改季节性生产为长年性生产，到20世纪70年代末，石灰年产量已达30000余吨。

合肥建筑材料四厂的生产车间

但随着时代的发展，市场上对涂料的需求越来越高，于是在1978年，合肥石灰窑厂开始研制涂料，初步试制成功106内墙涂料。只不过由于技术力量薄弱，生产设备不配套，涂料产量低而且质量不高。1980年，厂里改造了生产设备，年产涂料180吨。这样，1982年合肥建材涂料厂正式成立。

在生产中，合肥建材涂料厂走生产与科研相结合的道路，在资金并不宽裕的情况下，厂里还成立实验室，边生产边开发新产品，研制成功的无机外墙涂料达到了国内先进水平；几年后又扩建了涂料生产车间，建起了一条生产流水线，提高了产品的产量和质量，最终使得涂料系列产品达到10多个品种。1984年，合肥建材涂料厂改名为合肥建筑材料四厂，并很快从奥地利引进年产1500吨PVC下水管设备，投产后的产品质量达到国际标准。

之后，合肥建筑材料四厂在搞好生产的同时，重点根据市场需求抓好产品的更新换代，实现涂料多品种、系列化、高档化，生产出了防水涂料、防腐涂料、隔音涂料、耐火涂料、闪光涂料等多个系列产品。

合肥油毡厂：后来居上创佳绩

合肥油毡厂位于东二十埠，系专业生产建筑防水材料的全民所有制企业，隶属于当时的合肥市建筑材料工业公司。

说起合肥油毡厂的建厂过程，还比较曲折呢。合肥油毡厂前身是安徽省建筑材料实验厂的油毡车间，1962年因火灾及原材料紧缺，油毡车间停产6年之久，后虽恢复油毡生产，但时断时续。1970年后，油毡生产转向正常，因设备简陋、工艺落后，年产量不大。而此时市场油毡供应量加大。1981年，为发展防水建筑材料，省建筑材料实验厂的油毡车间被划出，扩建成合肥油毡厂。

合肥油毡厂建成后，主要生产和建材相关的石油沥青粉面纸胎油毡、聚氯乙烯油膏和石棉乳化沥青防水涂料等。虽然合肥油毡厂起步较晚，但后来居上，不仅在20世纪80年代中期年产油毡18.3万卷、油膏202吨、石棉乳化沥青500吨，而且油毡质量在华东地区名列第二，聚氯乙烯油膏和乳化沥青也分别达到部标和行业标准。特别是在建厂初期改造老设备的同时，合肥油毡厂从苏州引进了一条油毡生产线，工艺技术水平明显提高，在1984年前后相继开发出聚氯乙烯油膏和石棉乳化沥青防水涂料，填补了安徽防水建筑材料的空白。

第十章

向东看，新瑶海

——华丽转型再发展

开篇：东部新中心来了

时代的发展和变迁，赋予了瑶海新的机遇，曾经引以为自豪的老工业区，开始了一场凤凰涅槃般的转型升级！

2016年，东部新中心规划正式提出，一个以瑶海老工业区为核心，横跨瑶海、包河、肥东"两区一县"，规划区域总面积34.1平方千米的新中心蓝图已经绘就！建设合肥东部新中心，是合肥市委、市政府的一项重大决策部署，各级领导的高度重视直接加速推动了蓝图的落地！

规划中的合肥东部新中心，以瑶海老工业区为核心，辐射包河区、肥东县，总面积达34.1平方千米，其中瑶海区17.7平方千米、包河区10.1平方千米、肥东县6.3平方千米。规划片区总体定位是：最具特色、充满活力的华东青年中心，位于城市中心、全生命周期的"双创"中心，三生一体、产城融合的合肥东部中心。

突出文化传承、保留工业记忆；绿色环保、构建公共开放空间；先进技术运用、打造智能城市典范；高端产业培育、寻求品牌资源入驻；产城融合、营造幸福宜居城区——这些是未来合肥东部新中心五大"创城"特色。

2018年1月，22张全新规划正式出炉，总投入高达970亿元，宣告合肥东部新中心的建设全面启动！

在合肥长三角世界级城市群副中心的建设征程中，作为融入长三角的必由之路和长江经济带发展示范区的合肥入口，瑶海的区域格局和城市更新意义空前，东部新中心的建设，将成为合肥未来发展新的增长极！

综述：合肥向"东"看

意义非凡之"东"

这些年，安徽省会合肥一直在做一件事：拉开城市发展框架，构筑未来发展格局，为"大湖名城、创新高地"的自我定位蓄势聚力。例如，从"141"城区空间战略迈向"1331"市域空间战略。

向南，把巢湖市、庐江县纳入城市版图，800里巢湖变为城市内湖，合肥真正实现从"滨湖时代"到"大湖时代"，滨湖科学城又成为头条新闻。向北，国家级开发区新站高新区蔚然崛起。向西，建国际机场，这个城市科技创新的精华所在——合肥综合性国家科学中心昂首挺立。

如今的合肥，政务区已是成熟的建成区，老城中心繁华胜昔，南站中心人气渐旺，滨湖新区气象万千。而长三角世界级城市群副中心的新定位，正在对合肥提出新的呼唤。新的期待，需要新的审视。

向东，是这座城市新的目光所在。

规划中的合肥东部新中心横跨瑶海、包河、肥东三地，在东部新中心的总面积中，瑶海占了超1/2，为17.7平方千米。规划以"生态优先、组团发展；文化传承、空间复兴；多元融合、有机更新"为理念，形成"一个活力中心、四条生长廊道、多维生活网络"的总体框架。一个活力中心是青年活力中心；四条生长廊道是工业文明复兴与生长廊道、城乡一体生长廊道、城市中心生长廊道、滨河公共服务生长廊道，这将是东部新中心作为合肥东部增长极和发展新引擎的主要依托。

东，在中国这个东方国家，向来是意义非凡的一个方位。上风上水的合肥东部，曾经是合肥工业立市的骄傲，也是合肥商业文明的发端，更是合肥走向苏浙沪的门户之地。

　　长三角一体化正在成为新的国家重大战略，合肥，作为安徽发展的"排头兵"，义不容辞。

安徽的"鲁尔工业区"

应该说，这是一片承载着厚重历史记忆的土地。

　　"咱瑶海区，以前叫东市区，那个时代，长江路上有卫材厂、木器厂、搪瓷厂、轮胎厂、造纸厂……和平路上更不得了，安徽拖拉机厂、安徽纺织厂、安徽化工厂、合肥钢铁厂，都是省里有名、全国叫得响的企业。特别是合钢，占地最广、职工最多，建厂也早，毛主席等许多国家领导都到厂里来过。"作为老工人，钟志国不仅对合钢了如指掌，对那些令他骄傲的瑶海企业也如数家珍。

　　钟志国描述的是20世纪50年代至90年代初的瑶海区，那个时候，它还叫合肥东市区。新中国完备的工业体系在这里得到充分体现，它拥有合肥几乎所有的工业门类，大量的产业工人聚集在这个城区。

合肥东部新中心核心区设计效果图

进入20世纪90年代，大量工厂陆续搬迁关停。2015年，随着马钢（合肥）公司（原合肥钢铁厂部分改制而来）因为环保问题最终关停，瑶海，自此与工业区的称呼彻底告别。

许多人把它称作"安徽的鲁尔工业区"。鲁尔曾是德国，也是世界最重要的工业区，被称为"德国工业的心脏"，20世纪70年代以来，随着煤炭、钢铁等传统工业的衰退，鲁尔遭遇到了结构性危机。为此，鲁尔开始了艰难的结构调整，大力发展新兴工业和轻工业、创意产业，变身为德国工业区，同时依托它的人口基础，成为德国最大的消费中心。

环顾世界，所有老工业区的转型之路都是困难与希望交织，既有荆棘，也铺满霞光。2013年，瑶海区被国务院列为全国21个老工业区搬迁改造试点区之一，是安徽唯一的城区工业区。这给合肥东部新中心的建设发展奠定了基础。

装得进"青春"

合肥东部新中心开始建设了，但在一些领导和决策者们看来，其实面临着当前中国城市化普遍遇到的棘手问题：路径选择。

合肥向南、向北、向西，大多选择了新建的模式，这在滨湖新区、政务区的发展上就可以看出端倪。这与合肥过去城市框架小、基础薄弱的先天素质也是一致的，平地起高楼，或鳞次栉比，或错落有致，给人的景观感受自然容易加分。而对发展模式的探寻，伴随着合肥东部新中心启动核心区建设的进程。当宣布政务新区建设指挥部原班人马转战东部新中心时，猜测更盛，不少人以为，肯定要走政务新区开发一样的路子，不是有现成的班子、现成的图纸方案吗？

但实际情况是，东部新中心建设选择了一条城市老城区更新、复兴的道路，不搞一切推倒重来的模式。这样的道路，肯定要复杂、艰难得多，它更像是要考验新中心建设者在逼仄小巷里的"骑车功夫"。

老工厂"变身"长江180艺术街区

　　显然，这样的选择，更对得起城市，更对得起历史，更对得起文化，更对得起生于斯长于斯的百姓。瑶海区相关领导曾这样说："我们肩负着老城区转型发展的重担，要实现城市面貌转变、产业转型、群众幸福感提升'两转一提升'的目标，这也是市委市政府郑重交给我们的题目、郑重交给我们的任务。"因此，瑶海区要实现"形态、文态、业态、生态"四态共荣共生、和谐统一。

　　思路决定出路。人口密度为全省之最，这个依照传统理念明显不利于进行开发的元素，其实恰恰可以转化为提升消费能力的人力资源，一旦把当地传统商贸、物流进行升级换代，一定可以如虎添翼。

　　但居住区居民年龄偏大的问题毕竟存在，瑶海区已然是合肥"老龄化"之最，如何破解？要让新中心装得进"青春"，提升城区活力水准。

　　以物联网、大数据、云计算为代表的新经济已经捷足先登，纷纷签约入驻。东部新中心提出打造华东青年活力中心、长三角西部小微众创基地，这一设想若能成型，无疑将极大提升合肥的城市形象和城市品牌。而这些，依托的正是丰富的工业遗存，当文化创意街区、未来工业遗址公园、钢文化主题博物馆及文化创意廊道建成，粉丝经济、演艺经济、电竞娱乐经济、主题节日经济精彩纷呈，东部，将吸引整个长三角的目光。

因此，东部新中心既要装得进"青春"，也要容得下"老旧"。

向"东"看得更远

瑶海曾拥有最多的"合肥第一"：第一个汽车站、第一个火车站、第一个飞机场、第一个国有大型工厂。合肥解放的红色历史、合肥工业文明的发源、坝上街码头的合肥商业史，历历在目。还有"一里三公"，这里安葬着包孝肃公包拯、蔡文毅公蔡悉和李文忠公李鸿章。

而当下的瑶海，正在按照市里提出的"片区开发"要求，推进特色街区建设，着眼于提升人居环境，打造新的产城一体模式。做足绣花功夫，把街区打造成精品，这是一篇"微改造"的大文章。

三里街、坝上街、银屏街、木滩街……当浓浓的乡音飘出这些小巷，合肥东部的魅力，就在"新"与"旧"、时尚与传统的交融里，涅槃重生。站在合肥钢铁厂的南淝河码头望过去，对岸就是滨湖新区，车水马龙，繁华一片。当年，这边机器轰鸣、人声鼎沸，那边还是一片茫茫田野，斗转星移，光阴似水，生出无限感慨。

合肥东部新中心的核心区和先行启动区都在瑶海区，建设东部新中心，其实一个大的副标题就是如何振兴瑶海。

在这当中，有两点非常值得我们关注：一是基层百姓对东部新中心的热望，他们对建设、拆迁给予了极大的支持；二是基层干部的工作热情，他们不光把合肥向"东"看看作瑶海的机遇，更把它看作给予当年为建设这座城市默默奉献的产业工人获得感的最好机遇。

也正因为有此，我们相信，合肥向"东"看，一定能看得很远。

（摘自央广网）

建设：东部新中心将续写辉煌

这是一个曾令合肥人骄傲的地方

提到瑶海，老合肥人会用东市区亲切地称呼它。

"我爸爸是合钢的""我妈妈是安纺的""我爱人是化工厂的"……曾经的东市区，几乎包揽了合肥一半以上家庭的"铁饭碗"。那时，能在工厂上班，是荣誉，是骄傲，更是希望。

那时，在中央的大力投资下，东市区有了能源、原材料、冶金、纺织、机械、化工等行业；那时，合肥明确了它将是一座以纺织工业为主的生产城市，南淝河以东、以北地区基本上为工业、仓库区；合肥是一个以钢铁工业和机械制造工业为中心的综合性工业城市。

当然，那时的东市区也不负众望，一跃成为合肥乃至全国的重要工业基地，形成了以纺织、钢铁、化工、机电等基础产业为支柱，时称"三分天下有其二"的合肥市老工业区和全国的老工业基地。

1953年10月12日，合肥矿山机器厂试制成功高精度大型矿物分离机；1956年，安徽第一棉纺织厂棉纱年产量占全省棉纱年产量的1/3以上；1978年，东市区工业增加值占全市的60%以上；1992年，在合肥市实现利税千万元的12个工业企业中，东市区工业企业占据"半壁江山"以上……作为老工业基地，瑶海为国家经济建设和社会发展无偿或低价提供了大量的纺织、钢铁、化工、机电等产品，为其他地区输送了大量的专业技术人才和业务骨干，吸收了大量的人员就业。

因此，自20世纪50年代后的几十年中，新中国老一辈领导人毛泽东、朱德、邓小平等先后来到合肥，来到东市区的工业企业视察。东市区的老工业基地给合肥人的脸上添光增彩。

可以说，瑶海用她半个世纪的芳华，为合肥的经济发展作出巨大贡献，交出了一份辉煌的答卷。

这是一个令人振奋的消息

作为老合钢厂的退休职工，老夏惊叹于这些年瑶海翻天覆地的变化。这里再也没有了"轰隆隆"的机器轰鸣，取而代之的是拔地而起的科技大楼、新兴产业园区。

"空气更好了，天更蓝了，水也更清了，咱们老百姓的生活不也就越来越好了嘛。"老夏在瑶海住了半辈子，这里的发展越来越好，环境也越来越美，更让他欣喜万分的是，合肥东部新中心来了！

2016年1月，合肥东部新中心规划建设提出，预示着这里将成为合肥的下一个地标。2016年10月，合肥东部新中心概念规划暨核心区城市设计方案评审落幕，根据规划，未来的东部新中心将打造成"河水清清、两岸青青、产城一体"的合肥主城区东部创新创业创意、宜居宜游的都市新区。

合肥的文化根源是母亲河南淝河，合肥现代城市的工业根基在瑶海。因此，合肥东部新中心规划中，瑶海区南淝河、马钢（合肥）公司区域成为重点打造的核心区。

而在此之前，瑶海区已被列入《全国老工业基地调整改造规划（2013—2022年）》，这也是合肥市唯一一个列入国家级规划的区。"老工业的保护很重要，我们已经完成了第一步，下一步就是如何将保护与利用结合。"瑶海区相关领导曾这样说，"合肥的老工业是从瑶海区走出去的，我们要把这一段历史记载并传承下去。"瑶海区将在东部新中心的发展中，寻找一些老工业基地发展的见证人，比如毛主席先后两次到合钢视察，见证那一段历史的人就是这一批人中的代表。此外，瑶海区还将推动合肥工业博物馆的建设，因为瑶海区有李鸿章享堂，李鸿章又是洋务运动的代表人物，希望可以将这样的历史文化与片区的发展做有机结合。

　　而按照东部新中心的规划，总区域面积34.1平方千米，横跨瑶海、包河、肥东三界，瑶海区占17.7平方千米，其中16.2平方千米与修订后的瑶海老工业区搬迁改造试点区（29.82平方千米）重合。

　　结合合肥东部新中心的高起点建设，瑶海老工业区的转型发展迎来了政策叠加机遇期。机遇就这样与瑶海相遇了。

这是一次感天动地的涅槃

　　和过去说再见，是为了遇见更好的未来。瑶海用它的实际行动，向我们证明了它的毅力与决心，破茧成蝶，绽放最优美的华姿。

　　2017年4月27日，瑶海区顺利完成合肥东部新中心"第一拆"——大兴镇双圩社区徽河路项目拆迁，标志着合肥东部新中心建设从其核心区瑶海正式拉开序幕。2018年4月14日上午，瑶海区2018年征迁动员会暨合肥东部新中心建设推进会召开，合肥东部新中心建设跨入新阶段。

　　不破不立。在全国老工业基地搬迁改造的契机下，在市委和市政府的统筹推动下，瑶海区先后做出重大决策。

　　2013年12月底，安徽氯碱化工集团全面停产，并正式搬迁至合肥循环经济园。2015年12月底，马钢（合肥）公司正式全面关停，关停钢铁冶炼生产线合计炼铁产能160万吨、炼钢产能204万吨，妥善安置下岗职工5000余人，并实现零上访。

　　关停2家企业后，预计总共释放约1万亩土地资源，为下一步瑶海和合肥东部新中心的发展腾出了宝贵的空间。总体来看，搬迁改造实施方案中，计划搬迁关停改造的108家企业，目前已完成50个，23个正在推进。

　　一幅幅建设蓝图展现在我们眼前：未来的合肥东部新中心建设，以南淝河为东西向轴线，开挖部分浅水湿地建设滨水广场，北岸青年中心建有地标建筑，南岸滨水空间布置地标建筑与北岸呼应，形成承载休闲、文化、科技、商业等多元内容的活力港湾；未来的合肥东部新中心建设，将作为工业遗址公园的点睛之处进行保护、修复、改造，焕发工业遗产新生命……

而在这当中，坐落于长江东路180号的合肥恒通机械有限责任公司旧址成了第一个"吃螃蟹"者。这里现在有个新的名字"长江180艺术街区"，成为典型的传统工业与现代文创产业碰撞融合的艺术结晶。

恒通的前身为1965年建厂的安徽省通用机械厂，1987年由舒城迁至合肥，1988年与合肥纺织器材厂合并为合肥纺织机械厂，1997年完成企业破产改制，2011年划转到瑶海区国资公司统一管理。后有关部门决定对恒通厂区部分老厂房和基础设施进行改造，建设恒通文化产业园项目，参照北京、上海、杭州等地出台的文化创意产业分类，将园区业态规划定位为：以文化创意办公展示为主、文体教育培训为辅、影视文化为特色，配套相关服务。

按"修旧如旧"和保留老工业文化特色的要求，建成后的恒通文化产业园在旧厂房内注入现代创意元素，集创意办公、文创展示、公共阅读、体育健身、教育培训、创意影院、配套服务等功能于一体，打造合肥版"798"，成为"创意办公分享地、文艺潮人集聚地、艺术生活体验地"。

而据相关人员介绍，恒通文化产业园既是安徽省第一个老工业基地搬迁改造试点项目，也是瑶海区第一个利用工业厂房改造的文化创意产业园区，今后建成运营将对瑶海区乃至合肥市工业遗产发掘保护、改造更新、发展文化创意产业具有较强的示范效应和产业拉动作用，提升城市品质，让工业遗产成为城市时尚街区和城市文化的新名片。

这里将是眼前一亮的新地标

短短几年，老工业区的印迹渐渐淡去，随之而来的，则是新兴产业集聚，新瑶海即将在这里腾飞。

按照规划，东部新中心的发展将立足于产业定位，从老工业基地向服务业、高新技术产业转型，未来将发展成为"三个中心"，即青年中心、活力中心和科技创业创新中心。"我们将东部新中心打造成为青年人的聚集地，代表合肥未来区域发展的示范区。"有关人士说道。

而在发展中也的确是这样。结合东部新中心建设和老工业区搬迁改造，瑶海区定位现代服务业、战略性新兴产业和建筑业产业三大主导产业，综合实力稳步提升。

一大批政策扶持来到这里——开普物联网研发中心、恒通文化产业园改造等4个项目获中央预算资金支持1.14亿元；瑶海区14所中小学校建设、合肥热电集团和平路郎溪路供热管道改造工程2个项目获专项建设基金支持7890万元；尚荣移动医疗产业基地、安拖家园等14个项目享受合肥市物价局财政局老工业区基本建设项目行政事业性收费减免共计1亿元。

一大批战略性新兴产业项目落地——合肥物联网科技产业园、合肥瑶海都市科技工业园等战略性新兴产业平台、新开普智能IC卡生产基地、客来福家居生产线、中科国泰智能家居生产线、尚荣医疗产业园、统旭电子户外高亮显示系统、洲峰电子货运消费结算中心等电子信息和物联网产业雏形初现。这里俨然已成瑶海的新地标。

"东部新中心有钢铁文化，我们将利用它打造十里工业长廊，东部新中心又有南淝河贯穿而过，是合肥人最熟悉的水文化，我们将在这里打造瑶海湾。"按照这样的畅想，未来的东部新中心传递的必将是"刚柔相济"的文化。

的确，瑶海的未来指日可待，昨天的辉煌仍将继续。

作为老工业区，瑶海有它辉煌的历史。老骥伏枥志在千里，它还有着置之死地而后生的勇气和毅力，这样的瑶海不应该被遗忘，这样的瑶海才是最让人敬佩和最应该世代相传的地方。

附录：合肥东部新中心总体规划情况和特点

2016年7月，市规划局组织开展了《合肥东部新中心概念规划暨核心区城市设计》方案的国际征询；2016年10月，东南大学城市规划设计研究院中标，经过一年多的方案整合编制与评审，2017年12月25日经过专家论证，形成最终规划。

规划范围

合肥东部新中心位于合肥市东部，东起大众路，南到绕城高速，西临东二环路，北抵新安江路，规划面积34.1平方千米。其中，瑶海区占17.7平方千米，包河区占10.1平方千米，肥东县占6.3平方千米。规划范围内有瑶海区城东街道、红光街道和大兴镇，包河区淝河镇，肥东县撮镇镇。

规划指导思想和总体定位

规划指导思想：将合肥东部新中心规划成为产业发展优先、基础设施优先、公共服务优先、生态环境优先的"智慧、开放、生态、宜居"的城市中心。

规划总体定位：合肥东部新中心总体定位为最具特色、充满活力的长三角青年中心；全生命周期安徽"双创"城市中心；产城融合、三生一体的合肥东部新中心。

规划布局

合肥东部新中心规划为"一个活力中心，四条生长廊道，多维生态网络的总体布局"。

一个活力中心，即：在南淝河在东部新中心范围7.6千米段打造青年集聚的活力港湾——瑶海湾。

四条生长廊道，即：工业文明生长廊道——沿裕溪路、郎溪路、和平路呈"Z"字形布局，共5.2千米（十里）工业遗存长廊；城乡一体生长廊道——结合绕城高速路两侧和南淝河两岸部分湿地，形成自然与科技相互融合的有机生态空间；城市中心生长轴——延伸龙川路—龙岗路发展轴，塑造城市东部地区中央景观廊道；滨河公共服务生长廊道——保护好南淝河生态景观，打造南淝河活力水岸。

多维生态网络规划布局，即：健全的交通服务网络——形成一级快速路、五纵五横的道路主干网络和5条轨道交通，构成东部新中心发达的轨道交通网；完善的公共服务网络——依托完整连接的生态空间，形成多维生活网络；齐备的基础设施网络——以城市道路网为基础，形成配套齐全的基础设施网络；构建连续的城市绿地网络——形成四条相互交织的景观绿地网络，围绕双"π"水系和中央绿轴，构成城市绿地系统，让现代生活回归自然。

核心区规划布局

合肥东部新中心核心区规划用地9.4平方千米，其中瑶海区占5.3平方千米、包河区占4.1平方千米，包括瑶海湾——青年活力中心和规划轴线两侧双"π"水系。

　　从合肥钢铁厂到安徽纺织厂，从合肥无线电二厂到安徽拖拉机厂，从合肥好华食品厂到合肥日化总厂，"黄山""芳草""江淮"……一个个熟悉的厂名和品牌，印刻在一代代合肥人的记忆中，更见证了时代变迁。

　　合肥市瑶海区，新中国"一五""二五"和"三线"建设时期合肥工业建设的重点区域，聚集着包含纺织、钢铁、化工、食品等工业门类的当时合肥近3/4的企业，贡献着全市一半以上的GDP，成为合肥工业的发轫之地。而近些年，伴随着经济转型而生的合肥东部新中心又在这片老工业基地的热土上喷薄而出。

　　为了记述这段火热而又辉煌的历史，同时也是为了做好文化传承，更好地利用"城市记忆"打造"城市名片"，中共瑶海区委宣传部、瑶海区文化和旅游局策划编写了《东城工业之光——记忆中的合肥老工业基地》一书。本书图文并茂，主要以采访亲历者的形式，讲述瑶海区老工业企业的建立、发展以及辉煌的历程。

　　本书的编写者程堂义，长期在媒体工作，十多年来一直从事文史、档案的研究、采写工作，共发表相关作品200多万字，作品多次获得国家、省、市级奖项。

本书在编写过程中，部分文图参考了《合肥概览》《合肥市志》《合肥文史资料：上海内迁企业专辑》等多部图书以及戴健、许昭堂等一些文史专家、学者的研究成果，在此深表感谢！因为年代较远、部分文图来自网络等原因，文中若有文图涉及版权问题，也请与我们联系，邮箱：625242880@qq.com。

由于编写者水平有限，疏漏和不当之处在所难免，敬请广大读者批评指正。

编著者

2021年8月

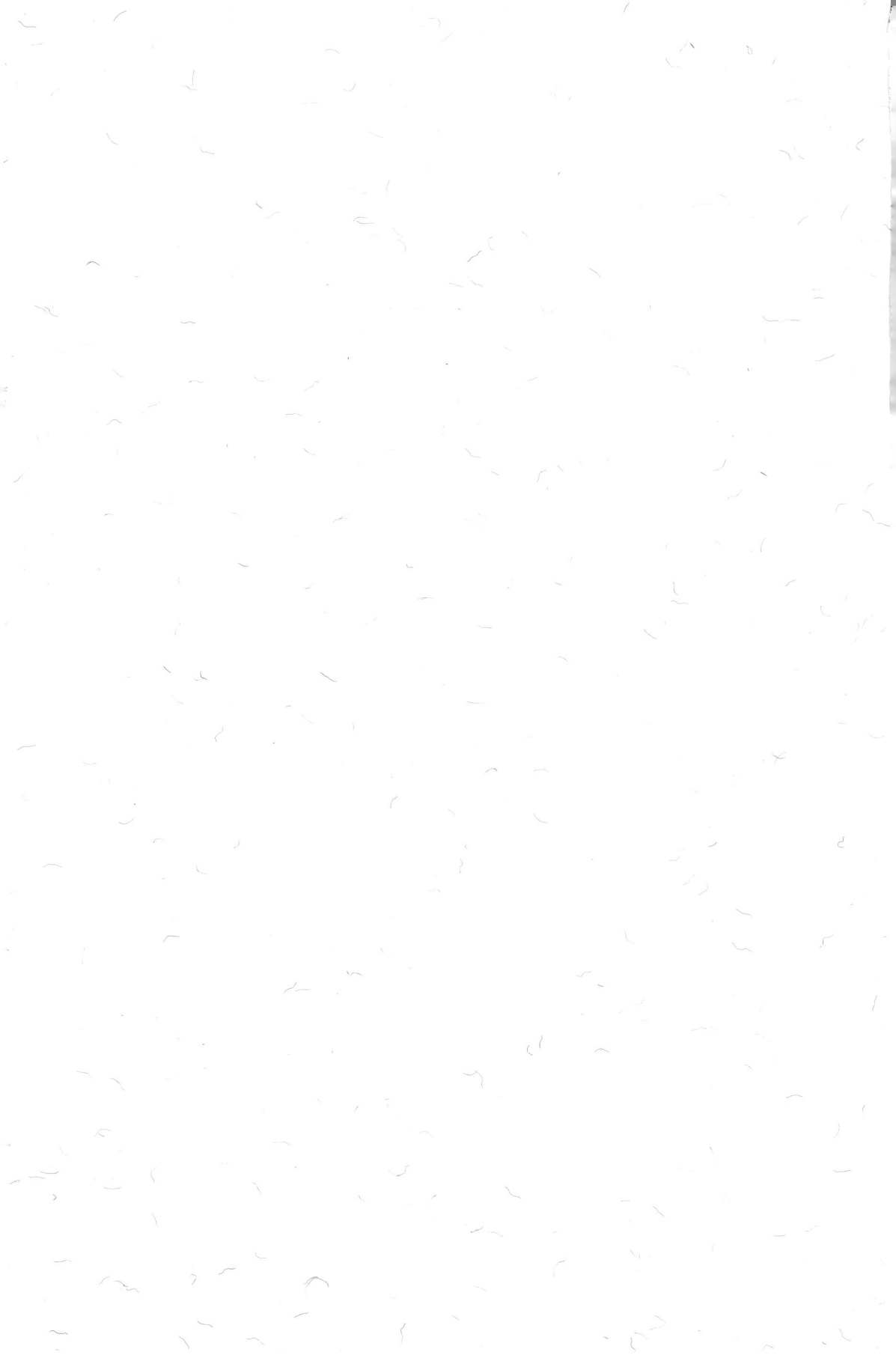